I ARTBOOK ARGONAUTAS

Aby Caleidosférica, Dirty Harry, Muerte Horrible, Liran Szeiman, Hugustrador, Jaime Sanjuan Ocabo, Murga, Sir Kiwi.

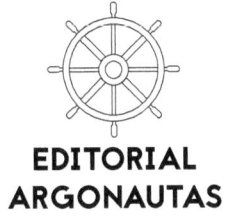

EDITORIAL ARGONAUTAS

Fotografía de cubiertas
©Mar Argüello Arbe

Editorial Argonautas (© Publicaciones Argonautas S.L.) 2015
San Andrés, 8. 28004 Madrid
Impreso y distribuido por CreateSpace LLC

Para vosotros,
queridos amantes del arte, colaboradores y Argonautas,
allá donde os halléis, que nos habéis apoyado
tanto en un camino que no siempre ha sido
fácil y en el que no siempre ha soplado
a favor.

Aby
Caleidosférica

1992. España. Ilustradora y fotógrafa que se define a sí misma como una «eterna escapista», de «extremos viscerales de hielo». O lo que es lo mismo, alguien que busca la forma de «matar lo de dentro para no morir por fuera, de programar y amontonar toda la melancolía en luz, como si de una cuenta atrás que nunca llega a vacío absoluto se tratase, el reflejo de todo el exterior en mí, en los miedos, en la pérdida, en el invierno, en utopía.»

Sus trabajos han sido publicados en diversos medios como P+M Magazine, Featured Photographer o Directorio Mambo, habiendo participado también en exposiciones colectivas como las de IAJ o TorrentJove, además de haber colaborado en la elaboración de los calendarios de 2013 y 2014 de la asociación CEC Down de Almería y contra el cáncer de mama respectivamente.

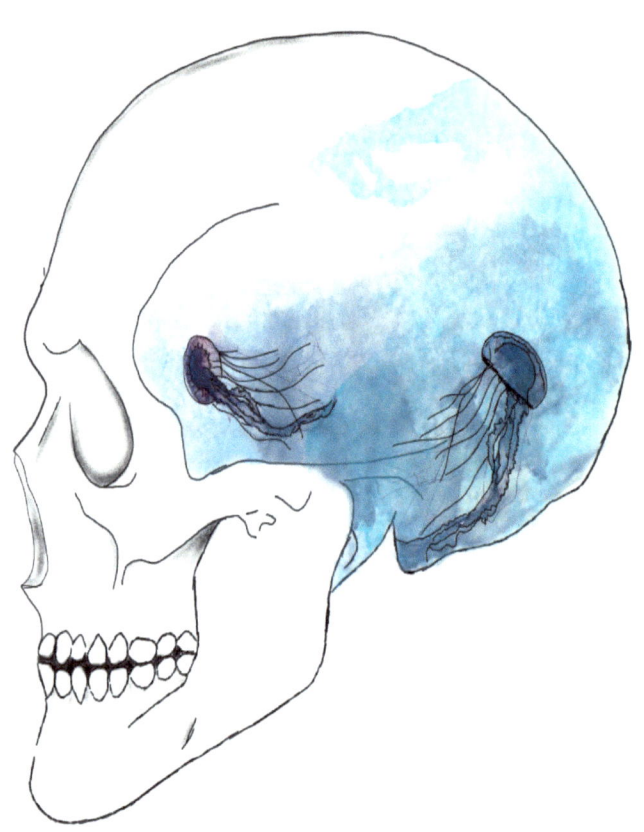

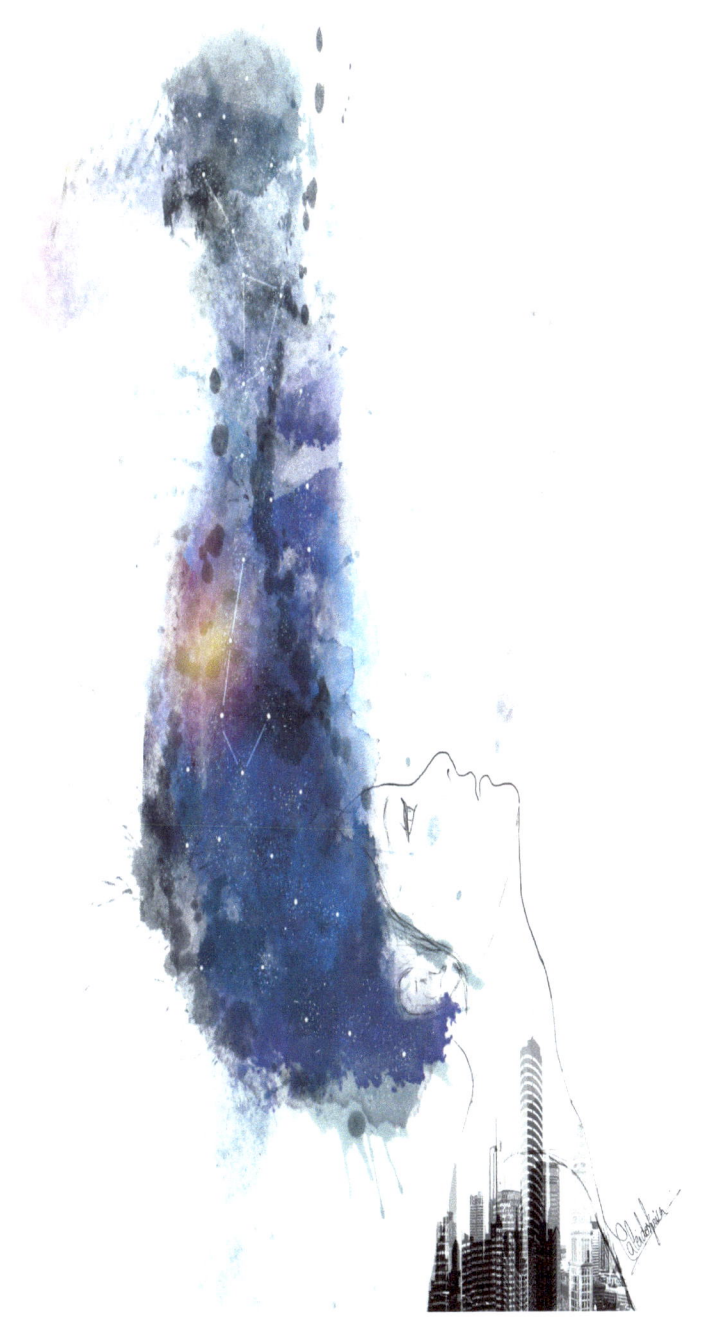

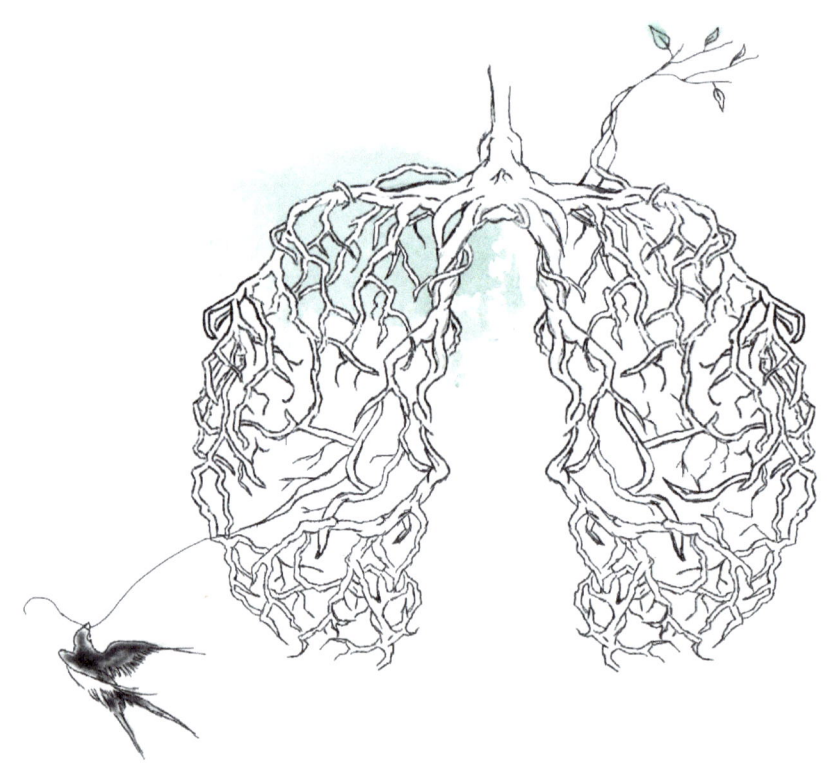

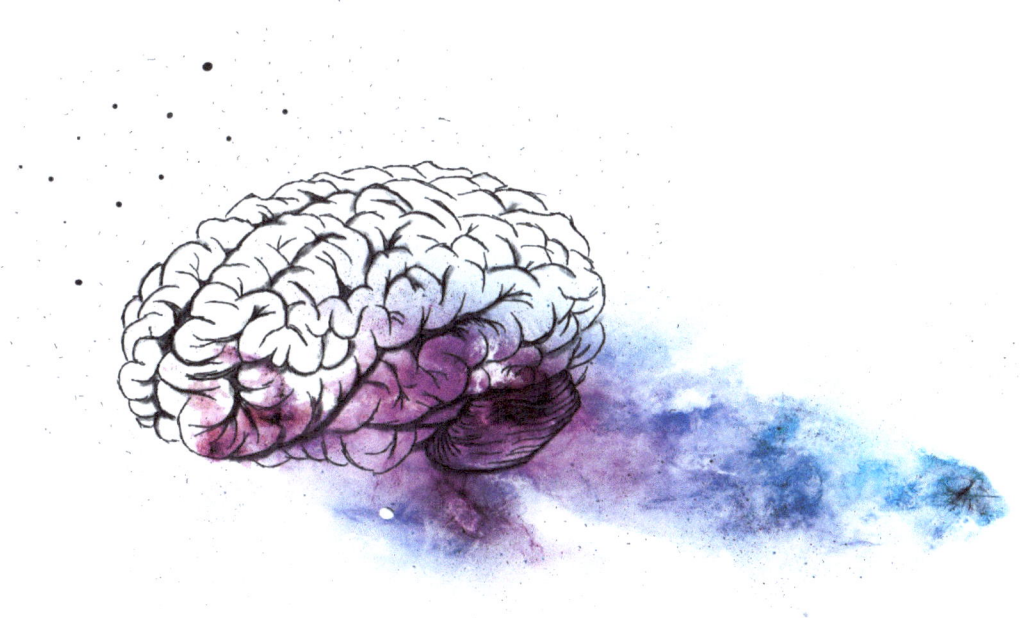

Dirty Harry

1975. Madrid. Alfredo García-Almonacid Fuentes, al que todo el mundo conoce como Dirty Harry, comenzó a dibujar en serio allá por 2012, el día de su cumpleaños, cuando decidió darle la vuelta a su vida laboral. Comenzó ilustrando, entre ida y venida del trabajo, en una pequeña libreta que siempre llevaba consigo. Pensó que, como los trenes, lo de dibujar sería algo pasajero, pero con el paso del tiempo, la libreta se quedó pequeña y a aquella le siguieron muchas más, hasta el día de hoy en que colabora asiduamente con la revista digital Sugartremens, ha realizado la portada número 168 para la revista Visual y dio un taller de ilustración de tipografías en el Ilustrísima 2014 en el Museo ABC, la Meca madrileña de la ilustración.

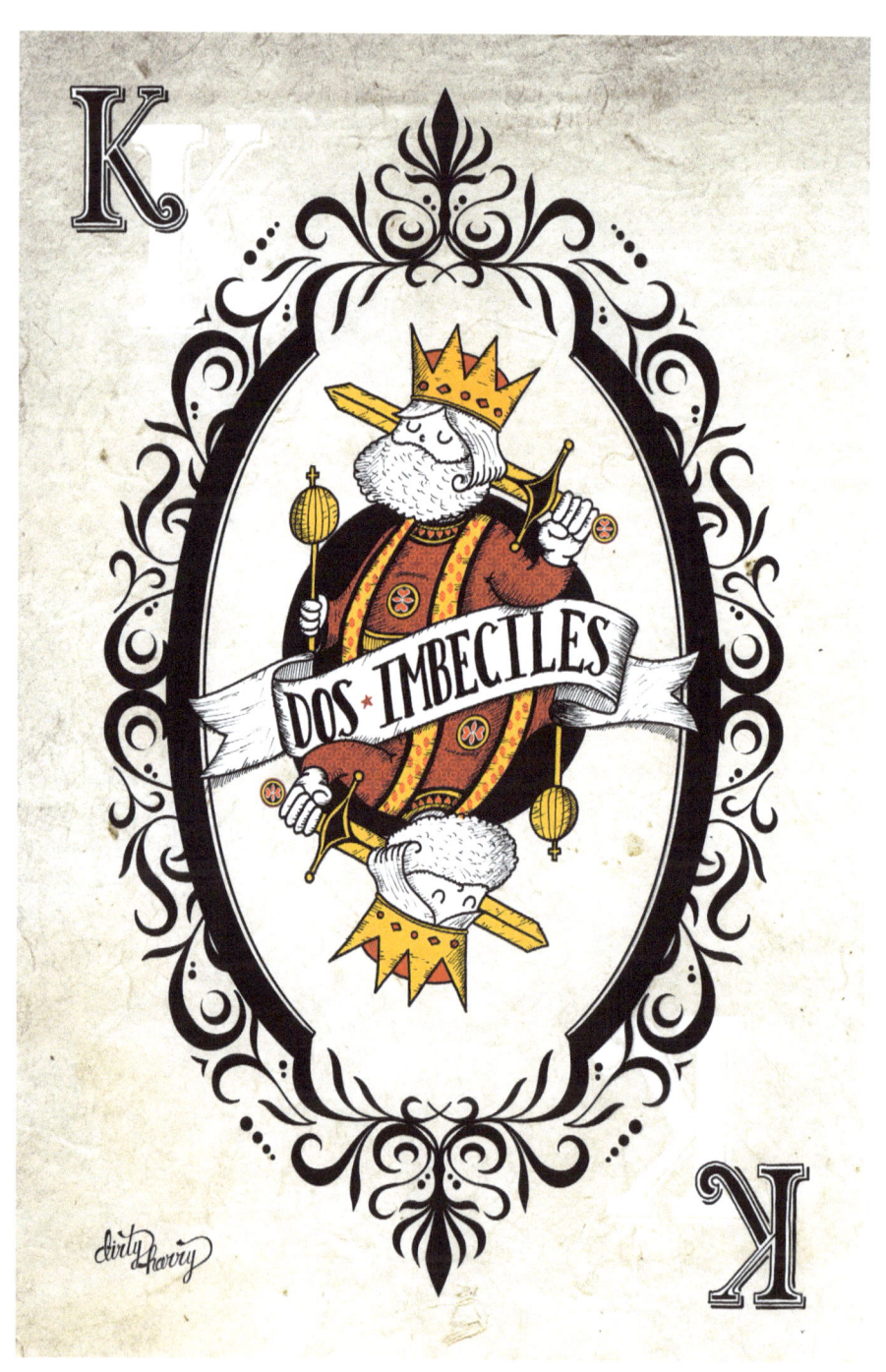

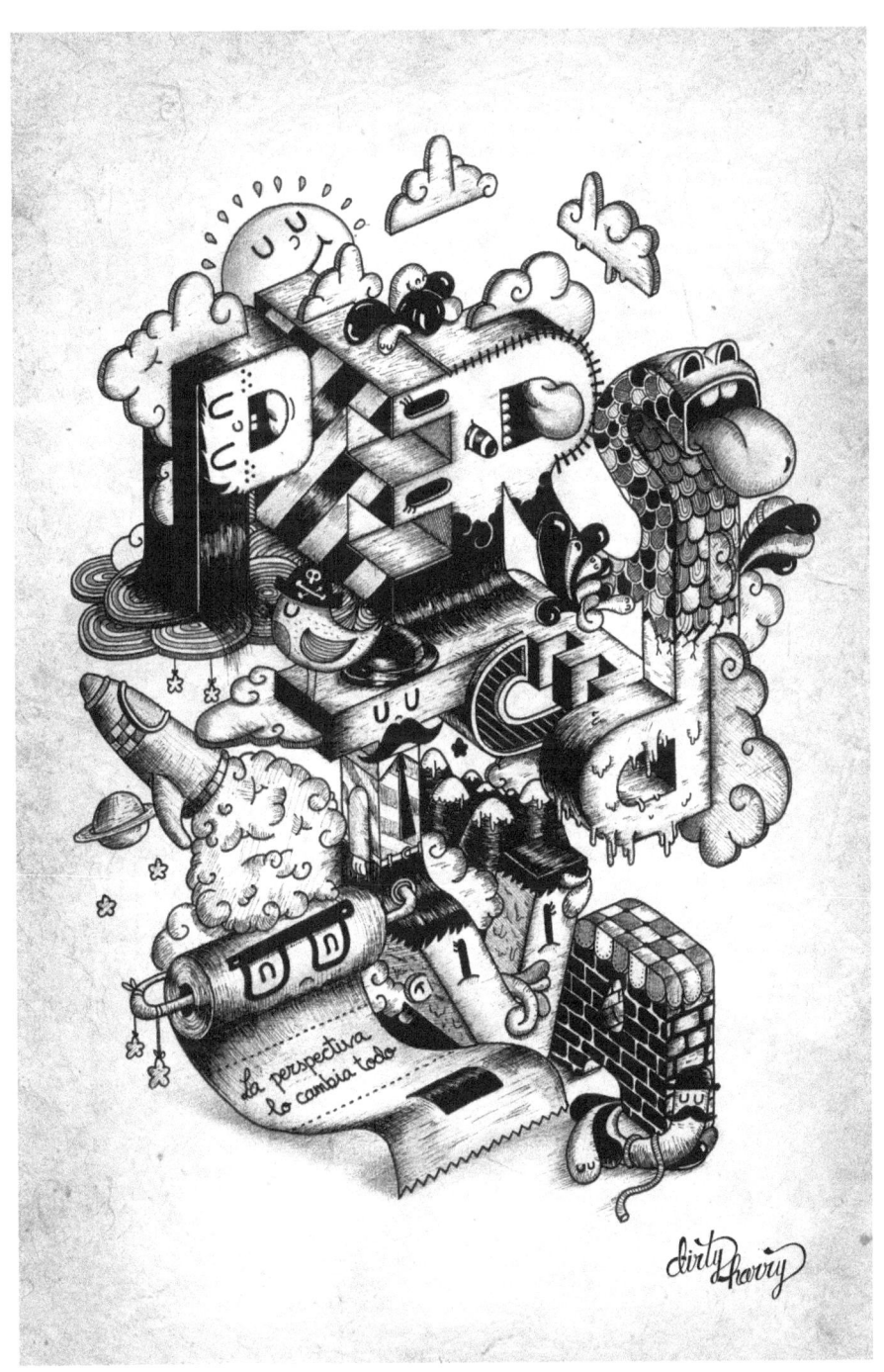

ANATOMY

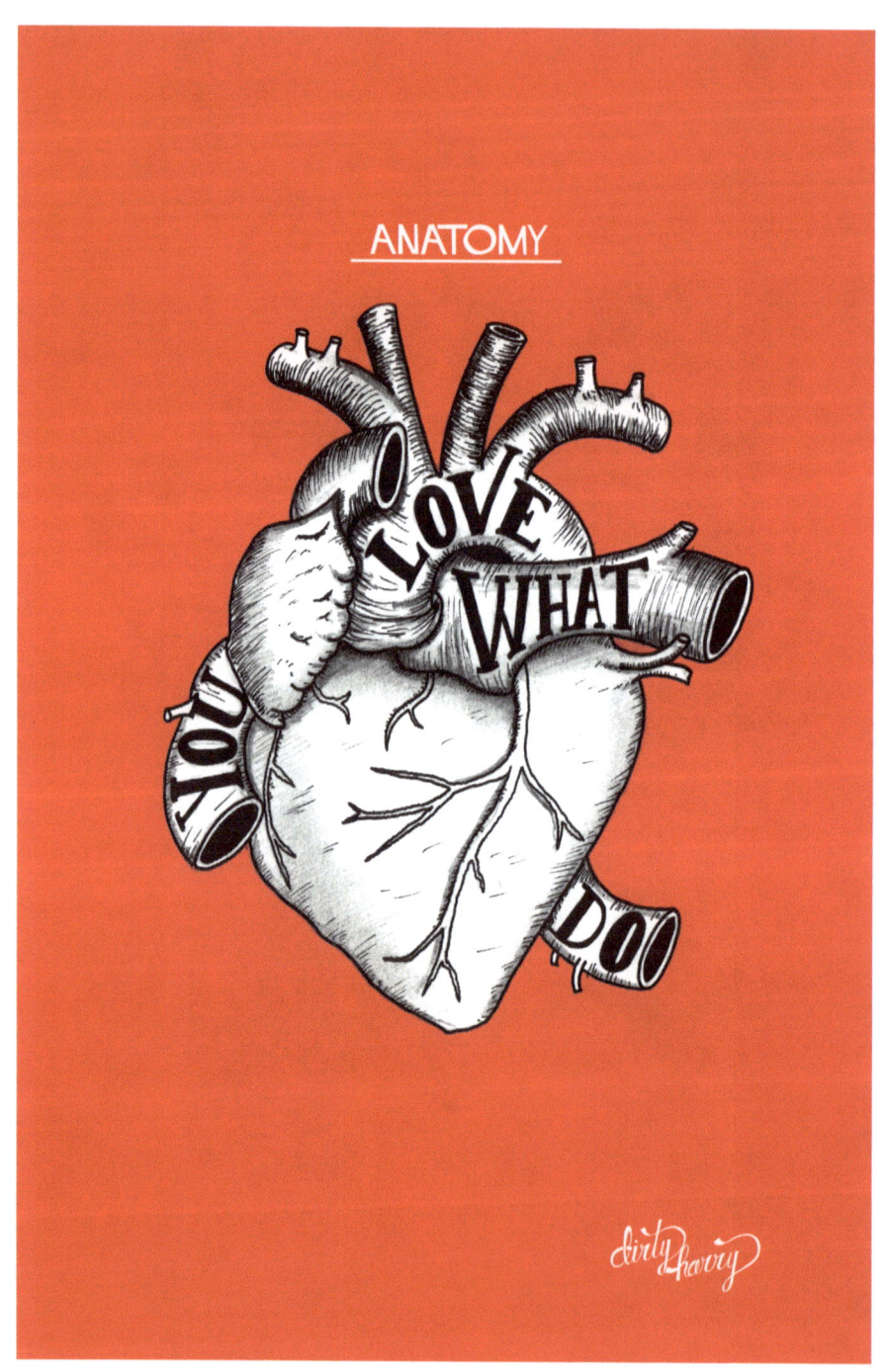

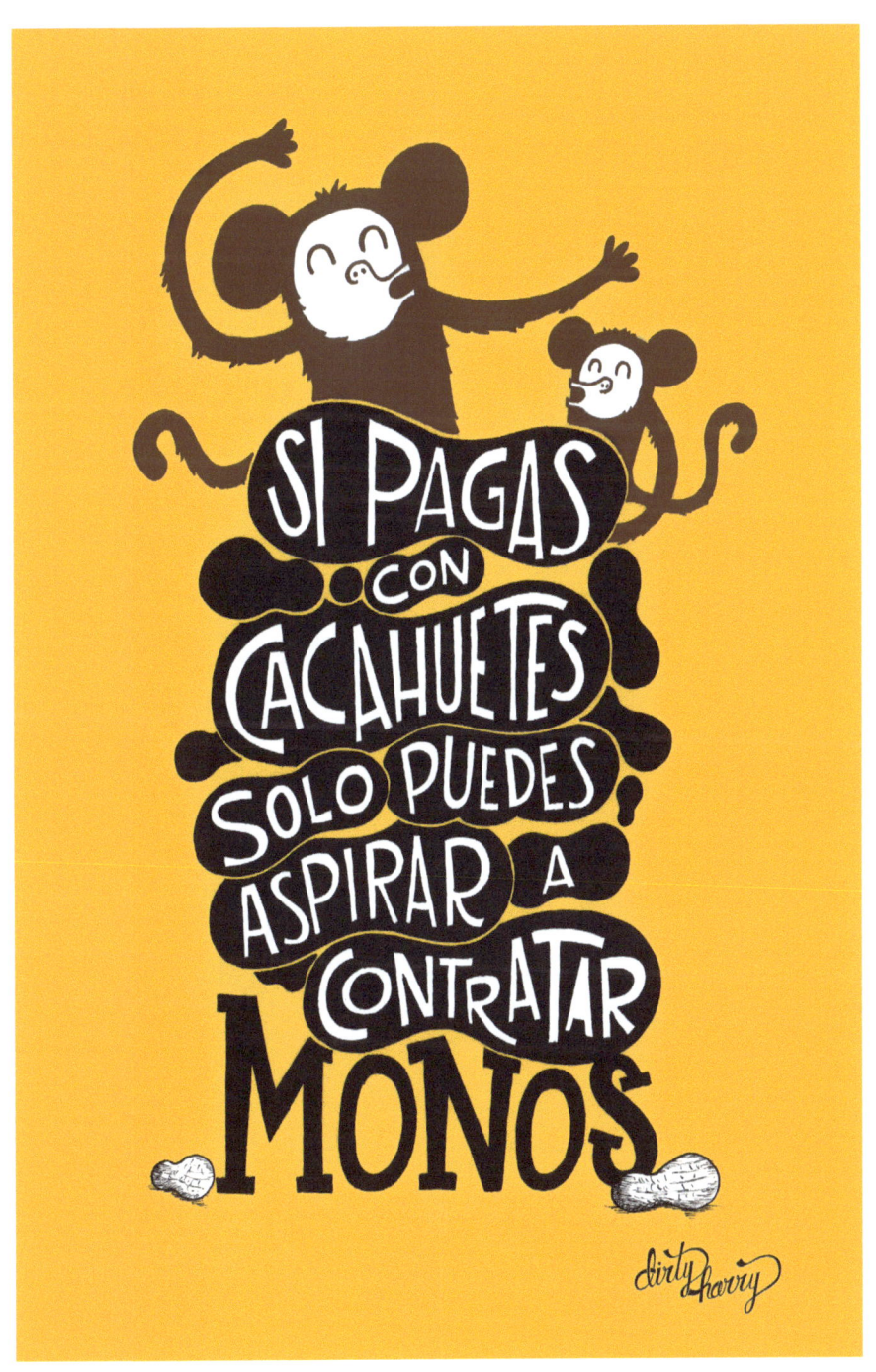

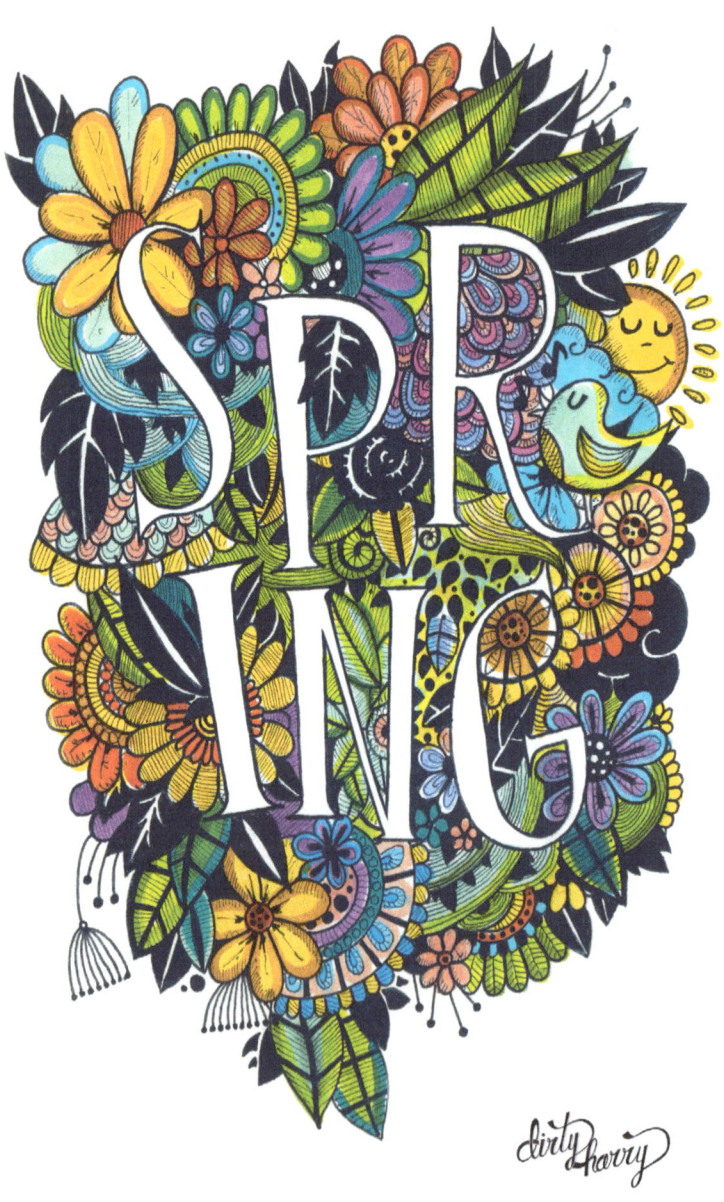

●　　●

Muerte Horrible

1991. Valencia, España. Rubén Ajaú, más conocido en las redes como Muerte Horrible, trabajó haciendo videos de propaganda electoral. Fue el Power Ranger azul desde el 1995 hasta el 1997, fabricó juguetes para niños raros como Worship Death desde 2012 hasta 2014 y actualmente está al mando de Muerte Horrible. Ha ilustrado diversos cuentos y relatos y una vez se comió un bicho yendo en bici. En 2014 dirigió CUCHILLO, una película estrenada directamente en internet el uno de enero de 2015.

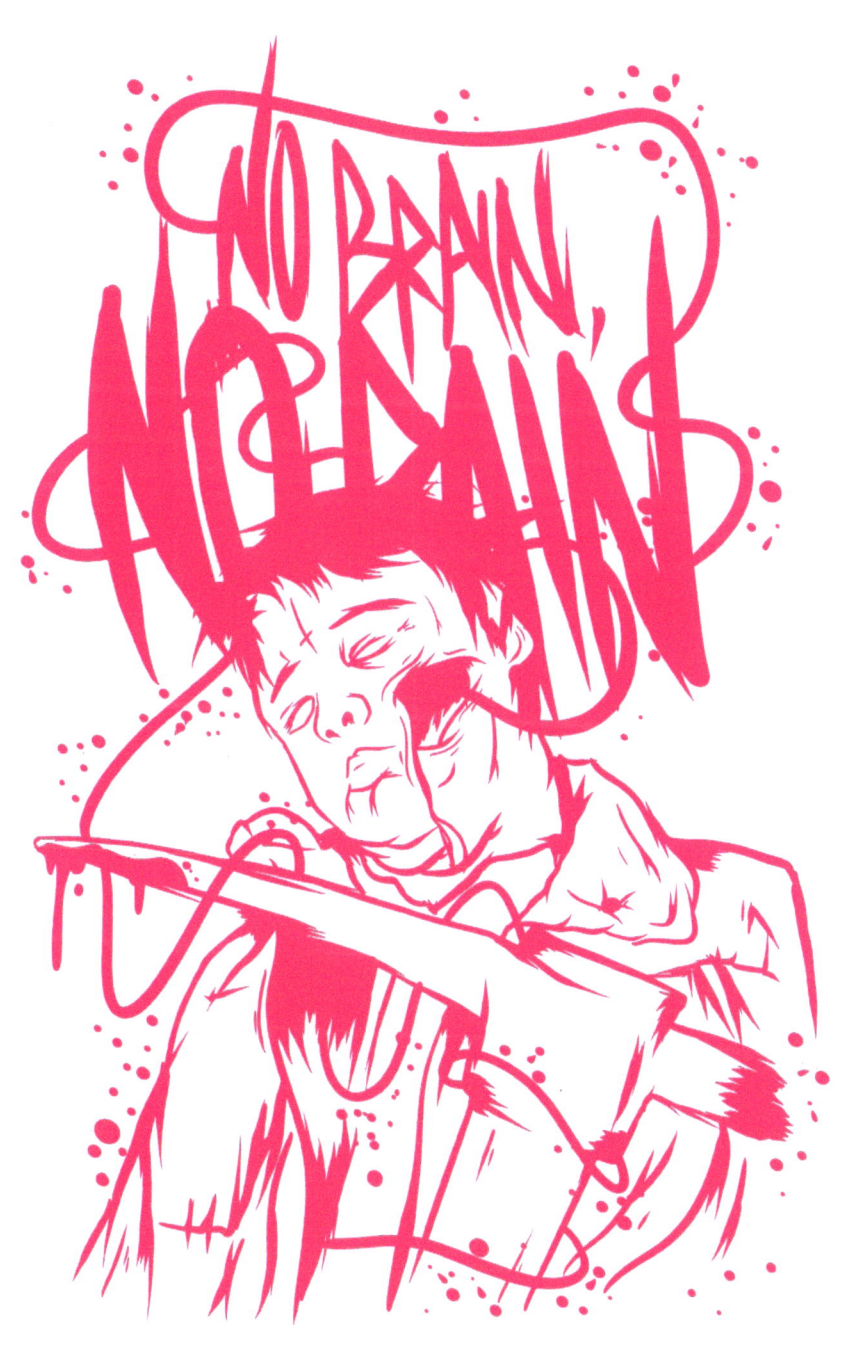

21

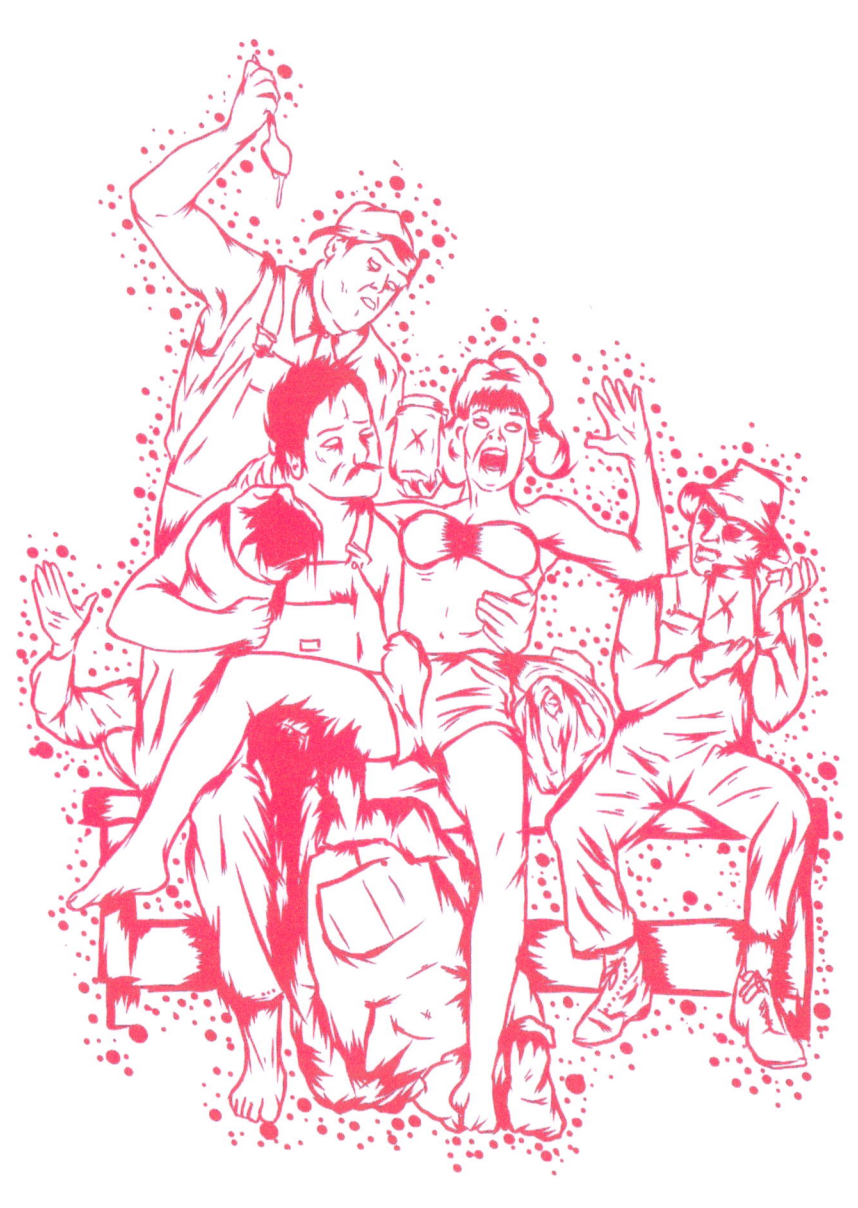

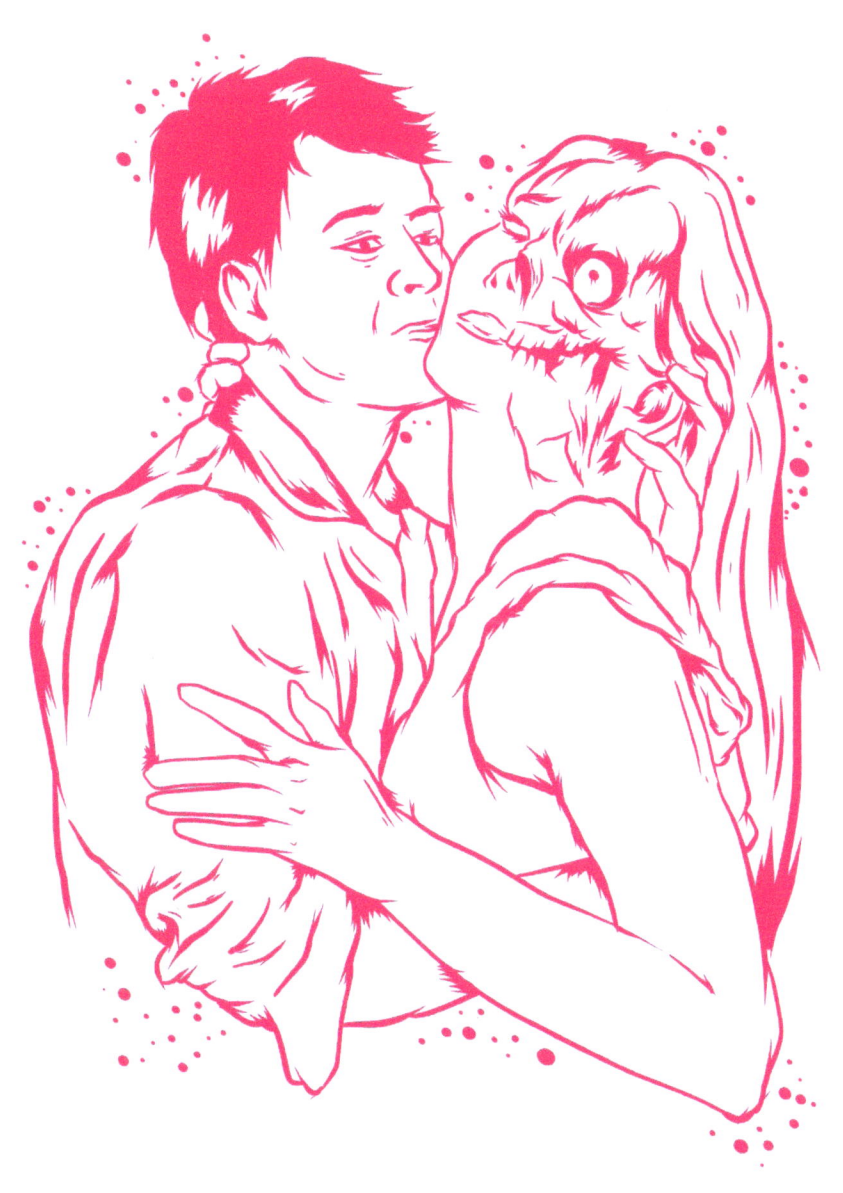

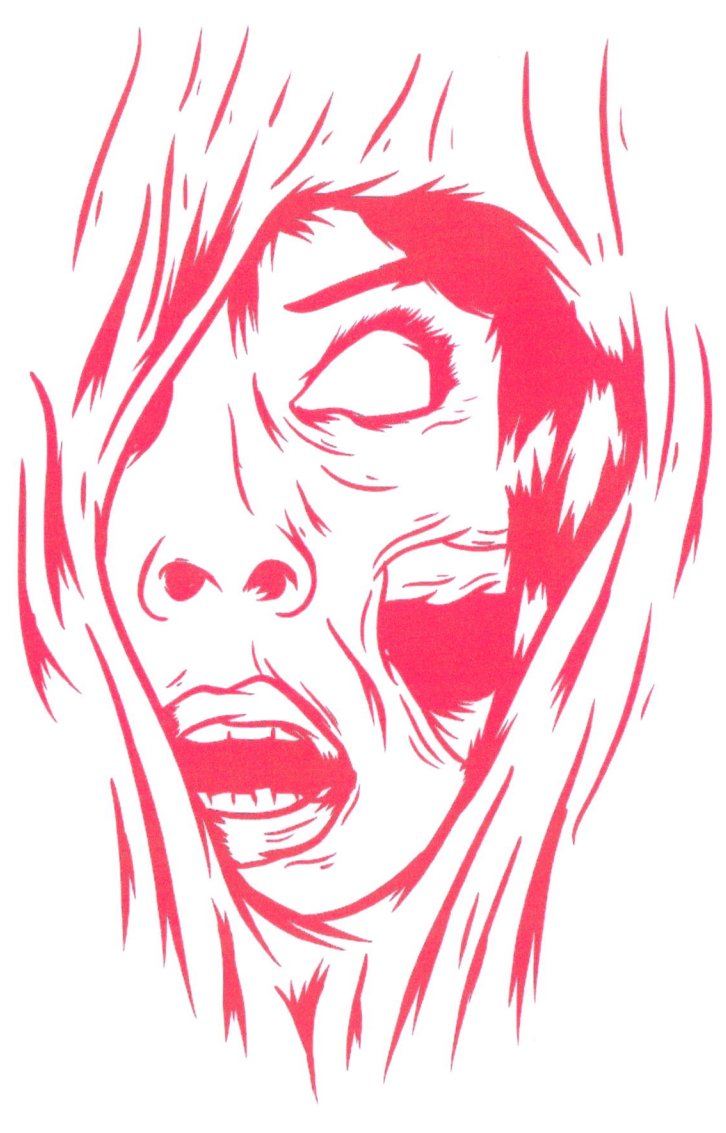

Hugustrador

Chile. Diseñador gráfico cuyos primeros pasos se remontan al dibujo de «un hipopótamo redondo con patitas de línea que un tío me enseñó a hacer». Después, vino todo lo demás. Dibujante desde siempre, desarrolló su experiencia gráfica en el mundo de la publicidad durante cuatro años en el departamento de publicidad de una importante empresa de calzados chilena y ahora, continúa haciéndolo en Certa Publicidad, donde la ilustración le ha abierto un nuevo camino mediante storys, personajes corporativos y montajes varios. El resto de proyectos, los personales, los personajes, «se están bocetando ahora, a la espera de su momento». Además, y por méritos propios, Hugustrador ha ilustrado libros como "El Sueño de Elvis", de Rosamaría Solar y Guanaco libre ediciones, un libro de cuentos que narra la vida de Elvis, un Cryolophosaurs-ellioti, que vivió en lo que hoy es la antártica Chilena.

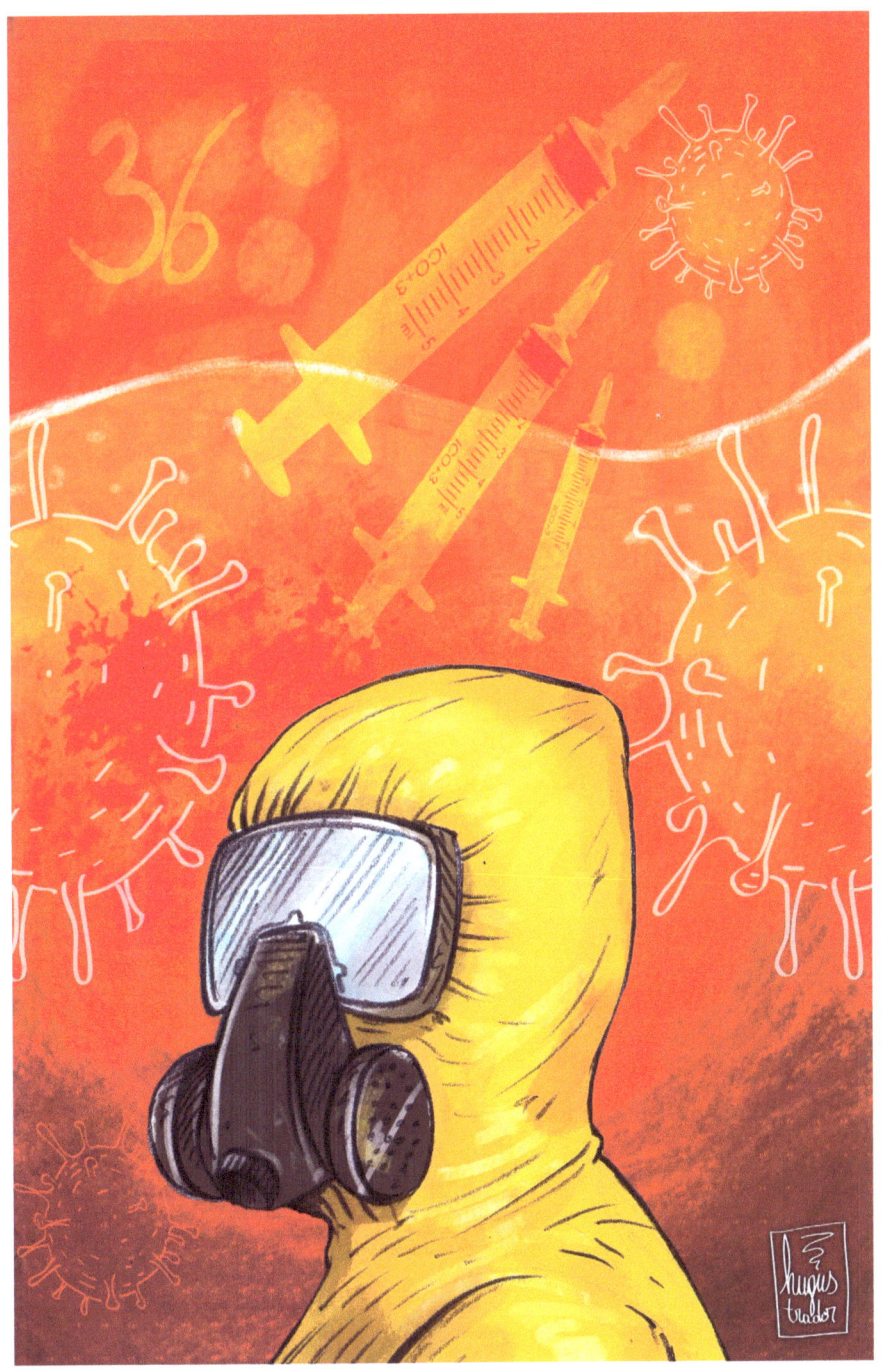

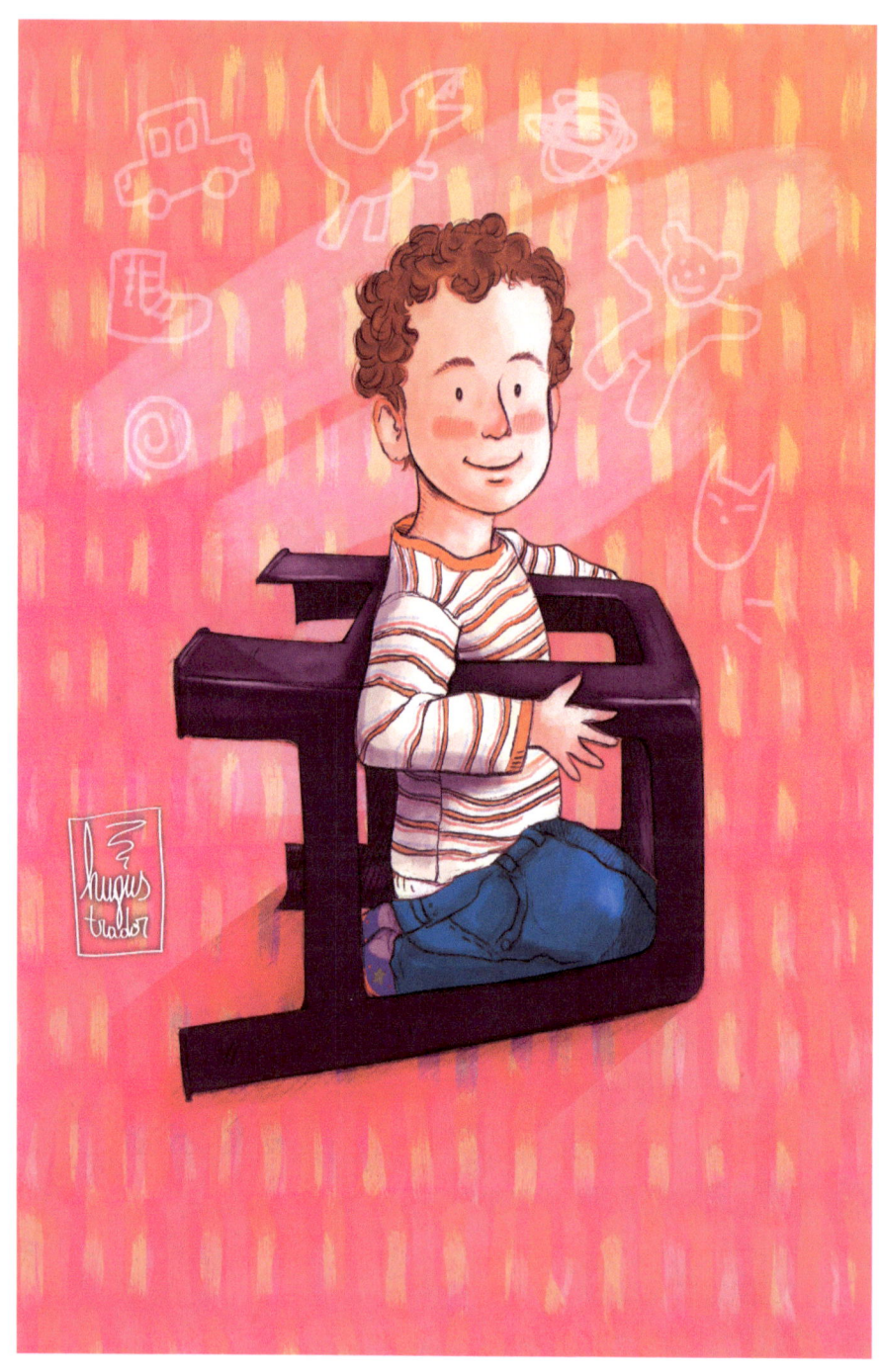

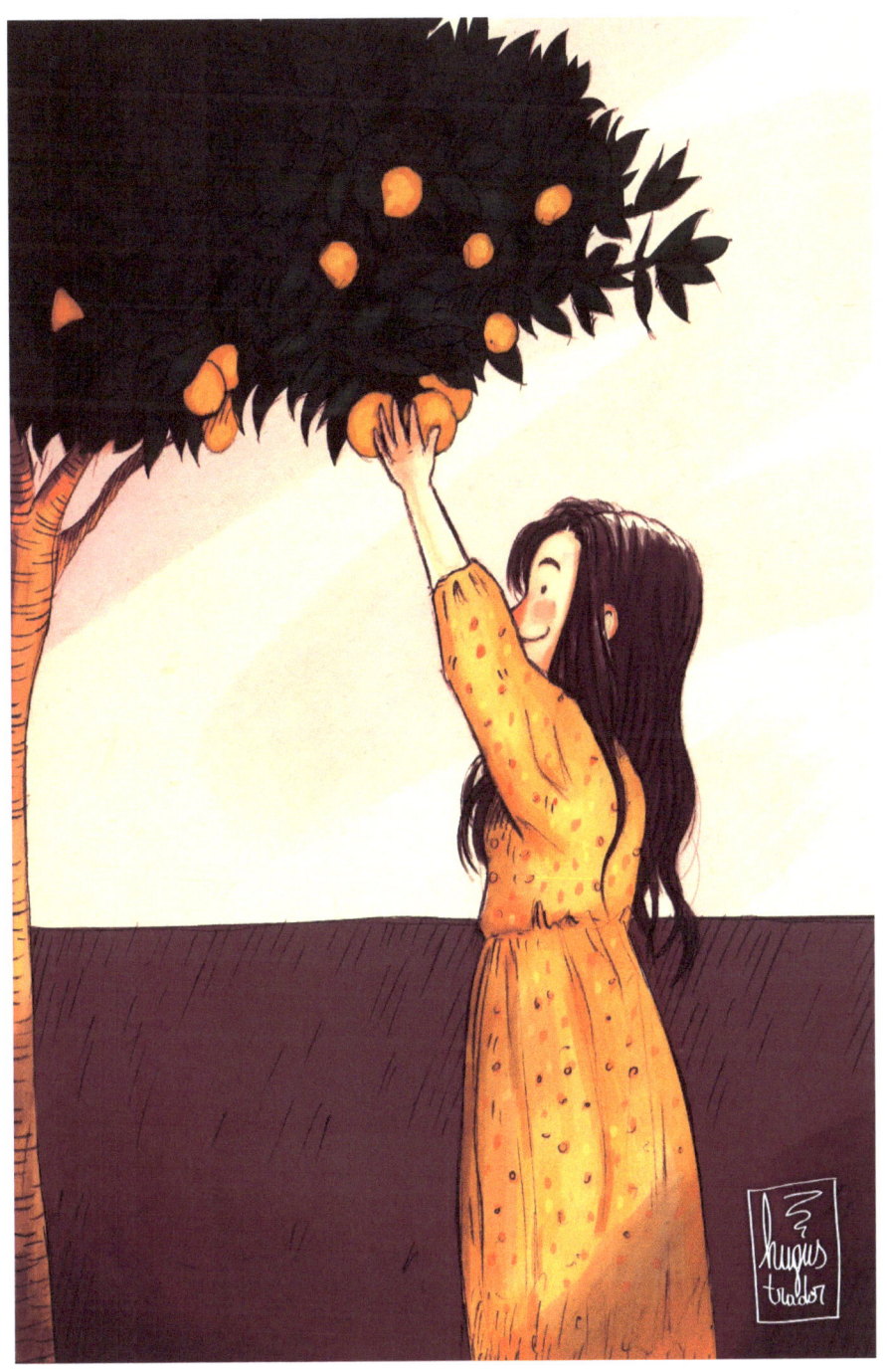

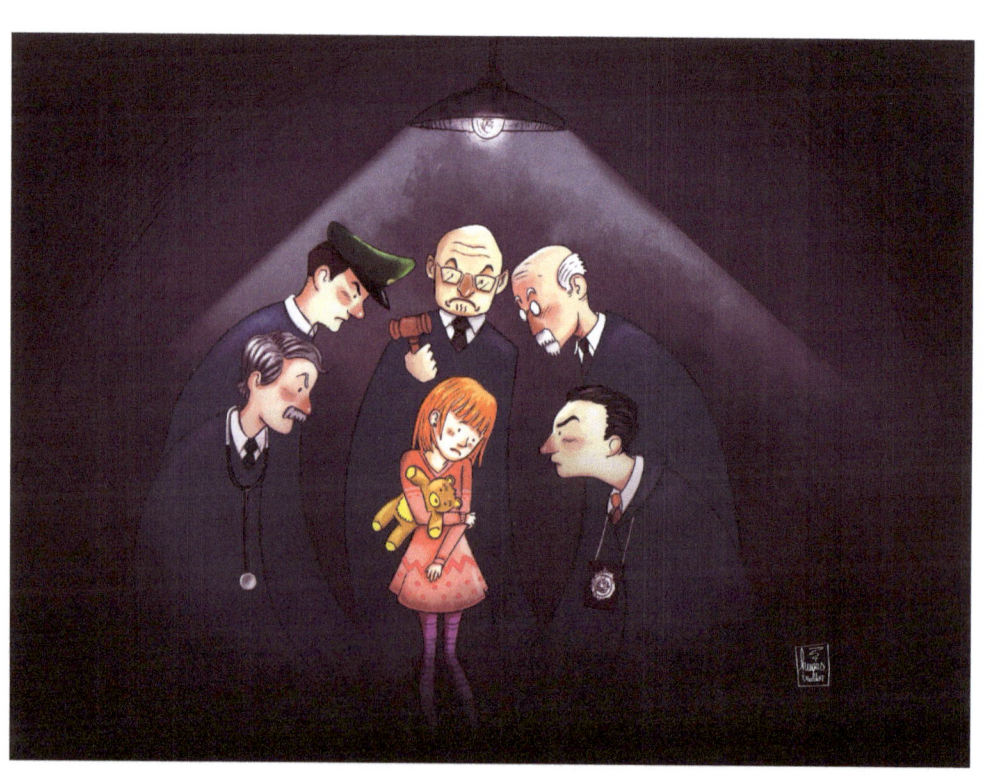

Liran
Szeiman

Barcelona, España. Ilustradora y diseñadora gráfica que desde que se inició en el mundo de la ilustración comenzó a perfilar, a trivias de la pintura digital, un peculiar estilo de toques pop. Sus ilustraciones hablan de seres oscuros que buscan la belleza y viceversa, exploran mundos de

ensueño o esos recuerdos infantiles, y lo hace a su manera, terrorífica pero näif. Ha trabajado como game artist y como freelance para varias publicaciones y publicidad. Actualmente, combina sus trabajos de ilustración con la elaboración de totorales para la comunidad de Envato Networks y su función de administradora en el colectivo internacional de Hysterical Minds y el proyecto artístico SugarFlesh.

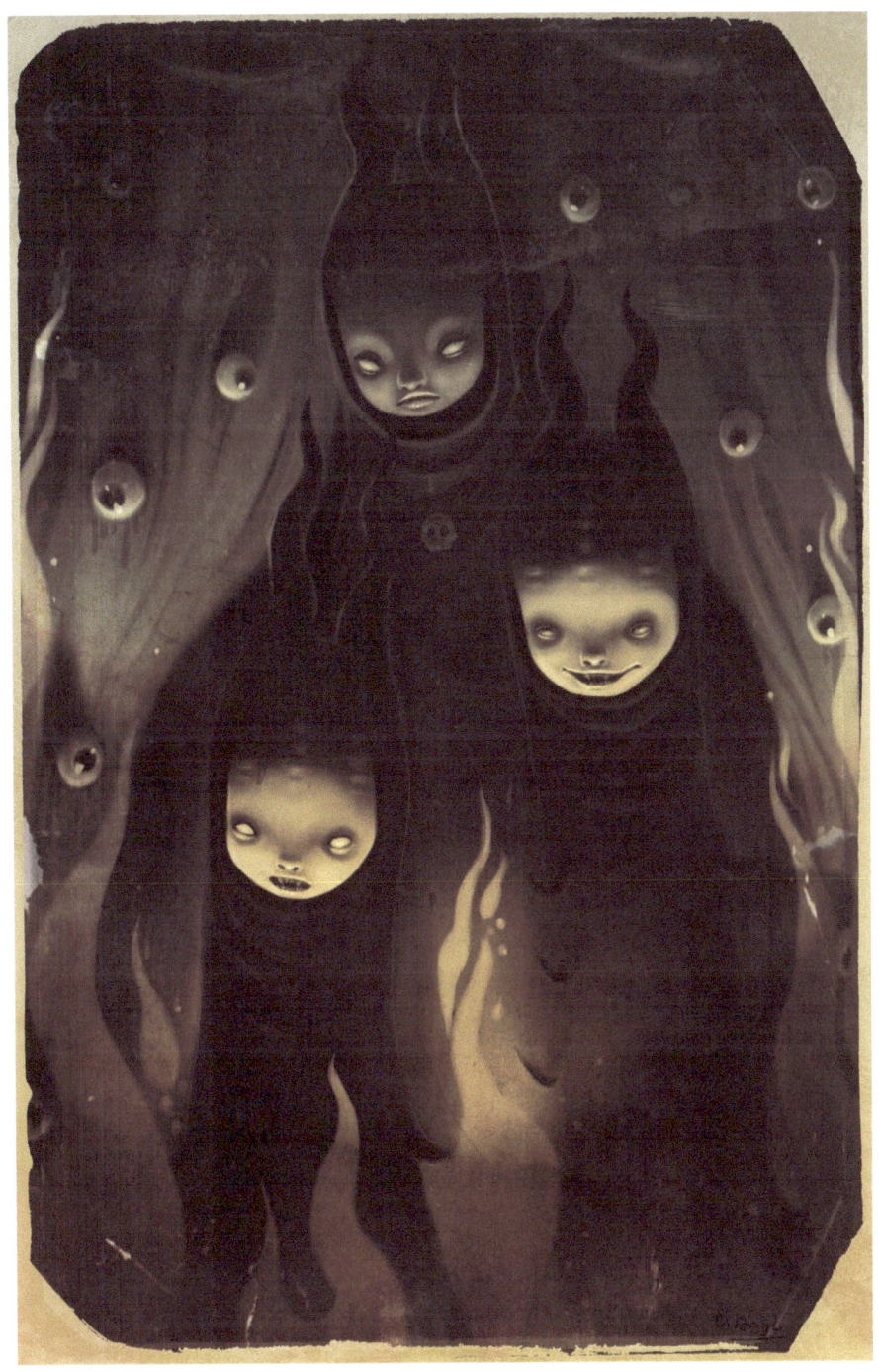

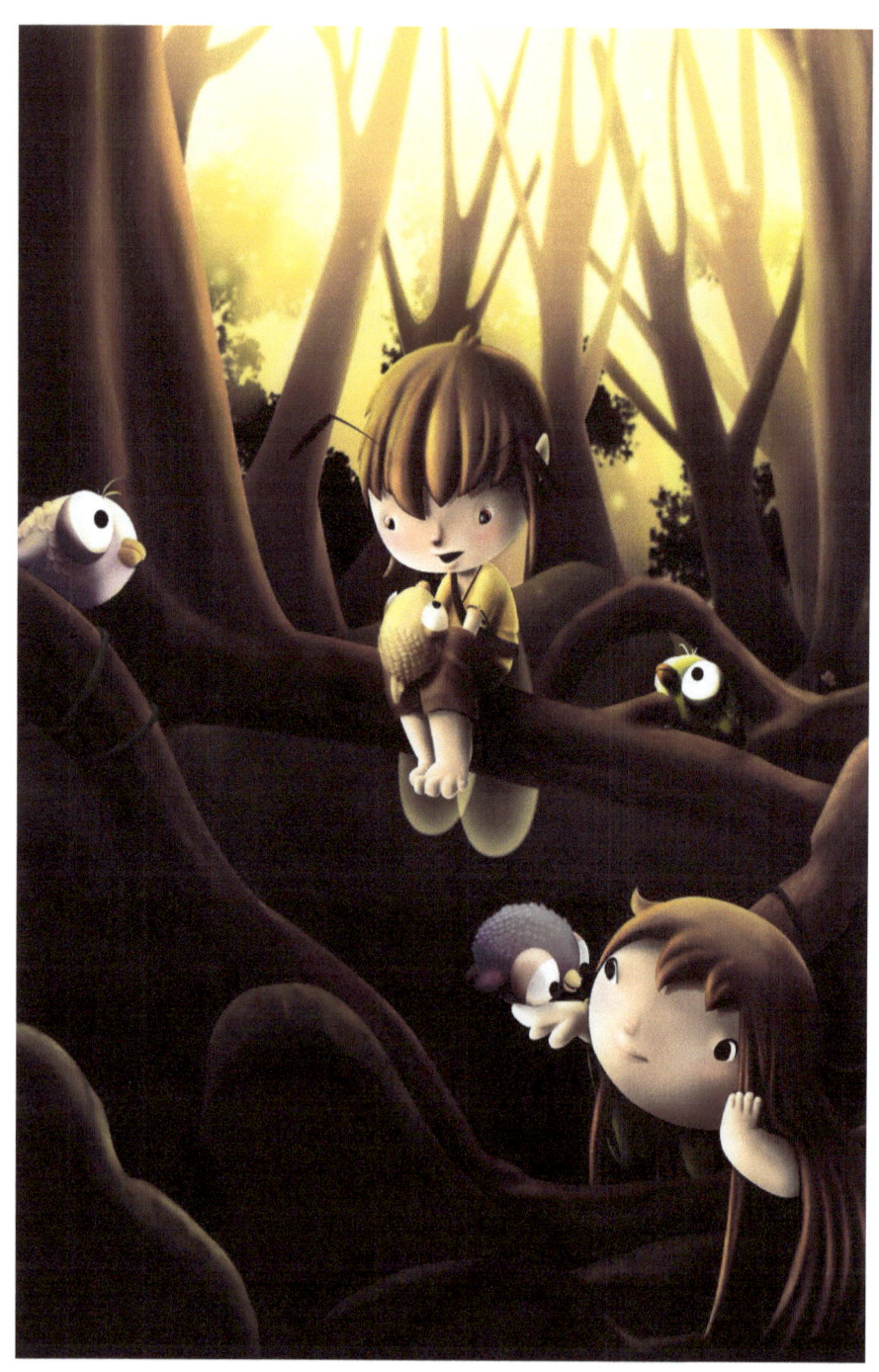

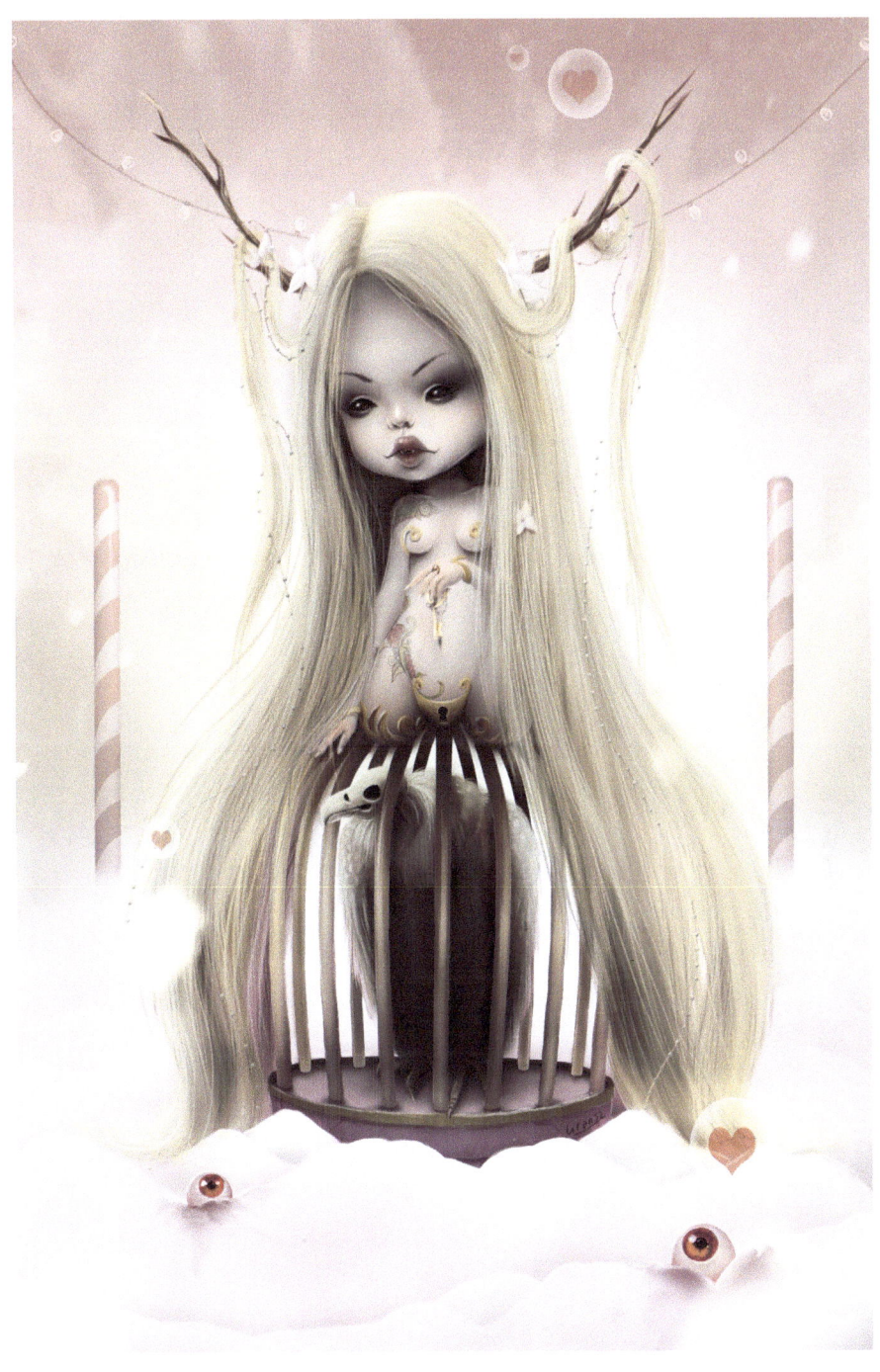

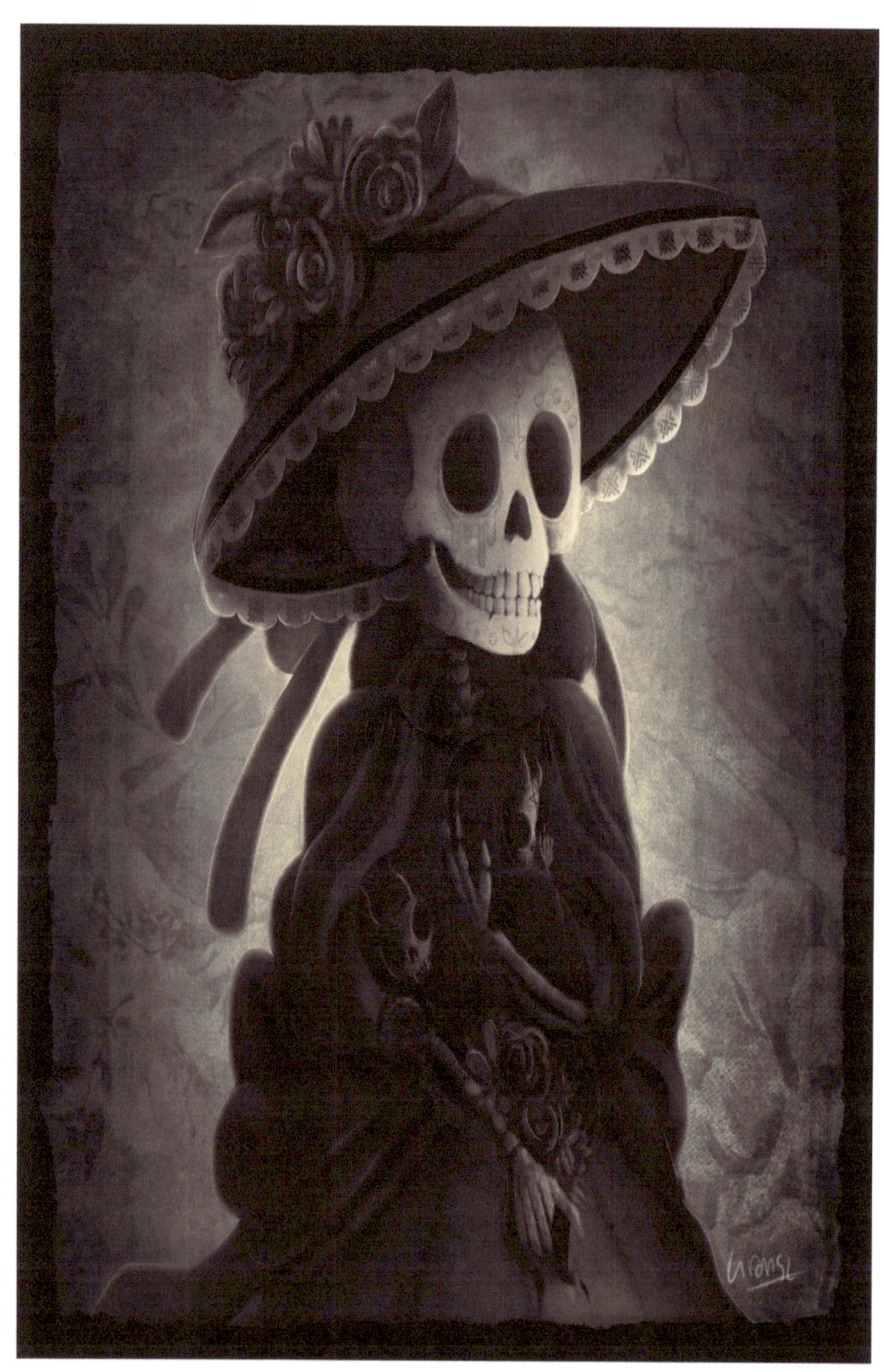

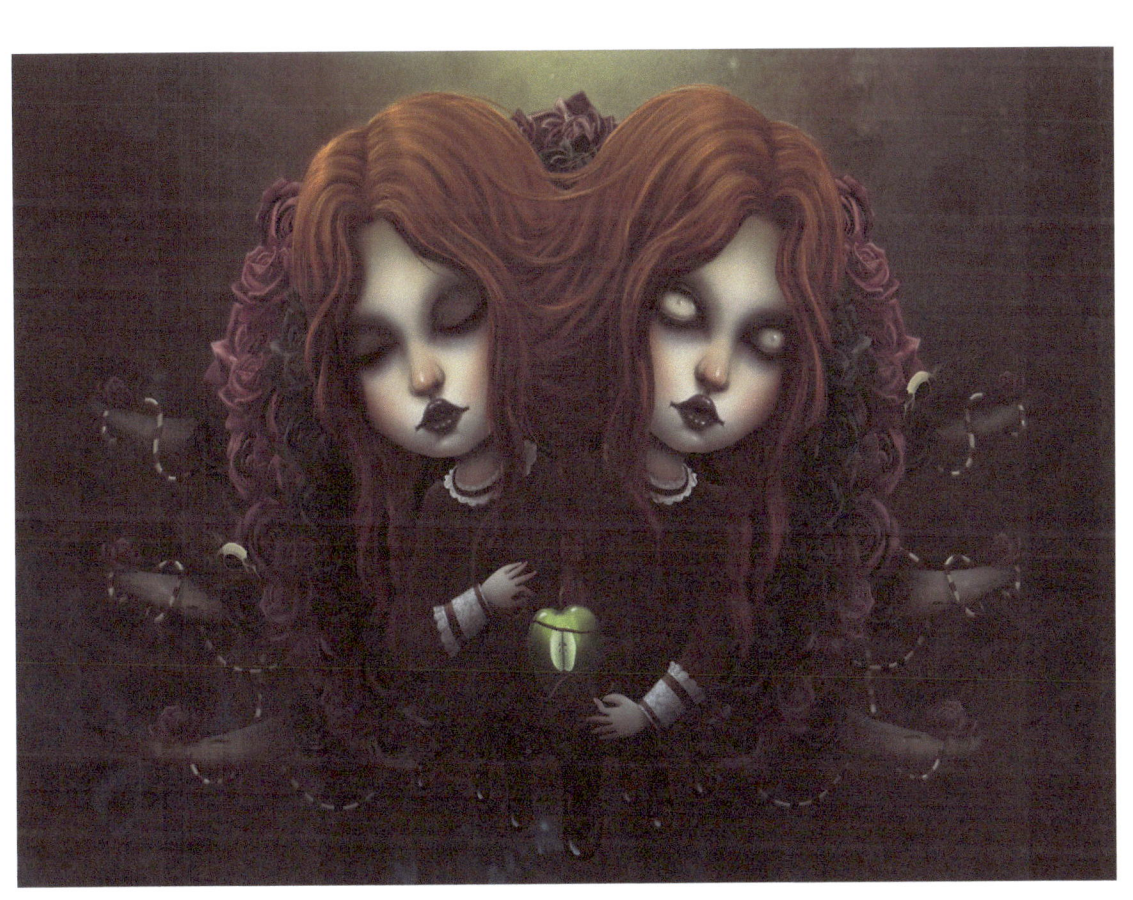

Murga

1977. Asturias, España. Diseñador gráfico y con un estilo peculiar que recuerda al arte urbano más transgresor, Murga comparte su arte en su cuenta de instagram @murga75 y colabora en varios medios digitales.

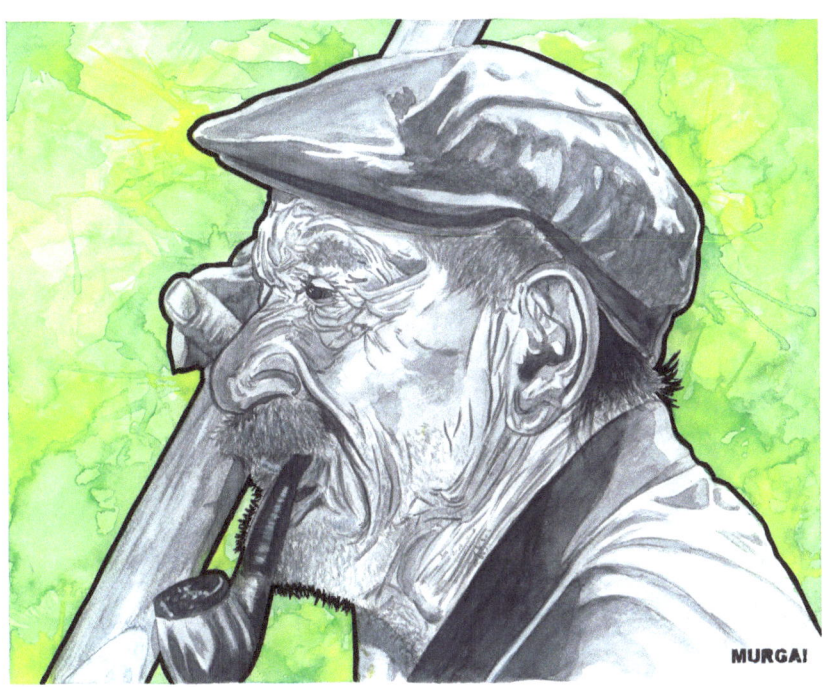

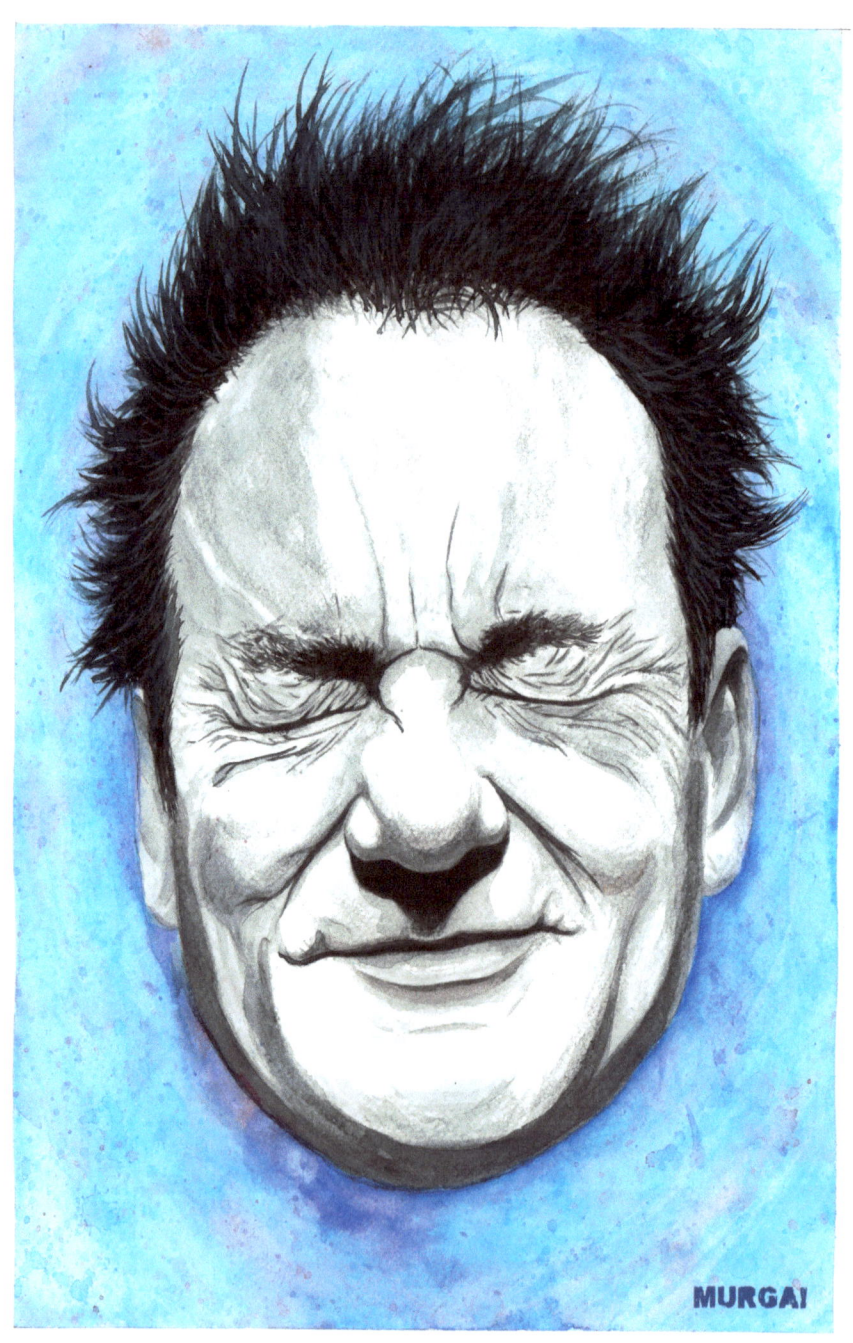

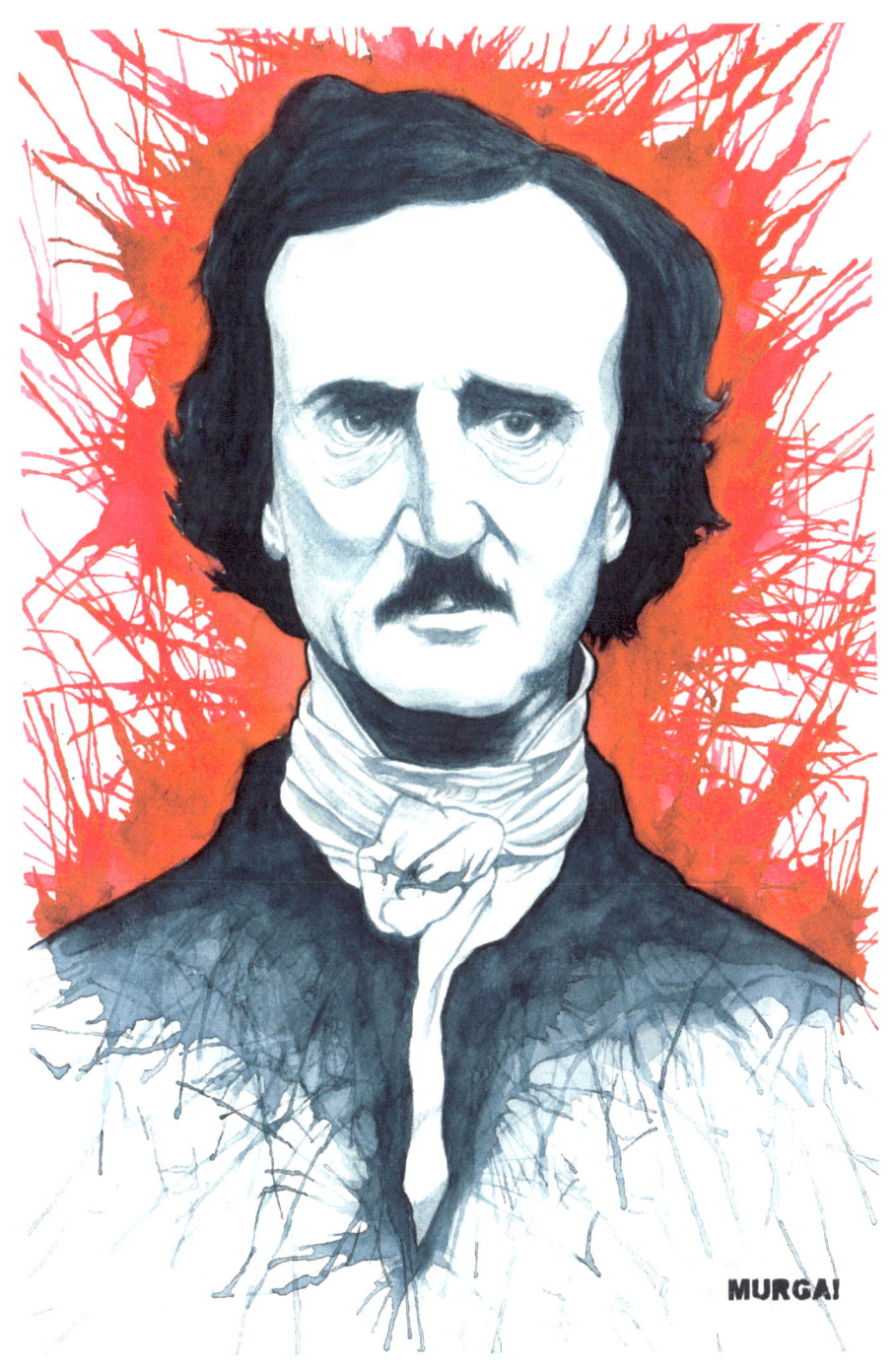

MURGAI

41

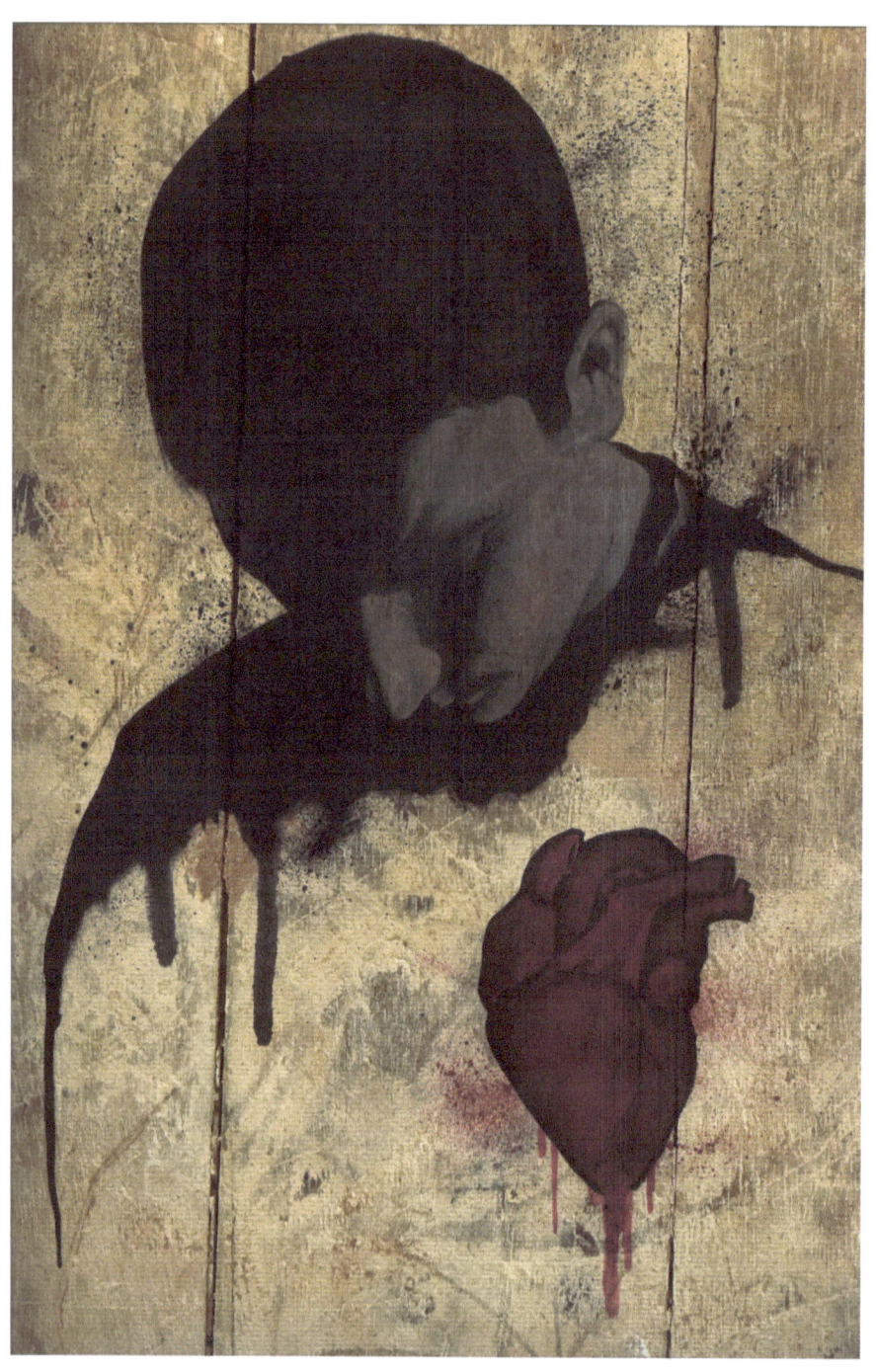

Jaime Sanjuán

1981. Zaragoza, España. Tras licenciarse en Bellas Artes por la Universidad de Castilla La Mancha y obtener el Doctorado en "Nuevas Prácticas Culturales y Artísticas", regresó a Zaragoza donde obtuvo el Diploma de Estudios Avanzados del programa de Doctorado "Técnicas de Investigación en Historia del Arte y Musicología" en la Universidad de Zaragoza.

Las técnicas utilizadas por el artista son muy similares a las empleadas en la pintura tradicional, a consecuencia de su formación artística tradicional, lo que confiere a sus obras digitales un marcado carácter pictórico. Sus detalladas obras suponen, en algunos casos, casi 100 horas de trabajo y un tan alto y sorprendente grado de detalle que su forma pronto evolucionó a un estilo propio más cercano al surrealismo.

Durante el último año, sus pinturas digitales, realizadas con los dedos en un iPad, además de haber recibido multitud de premios nacionales e internacionales, han sido expuestas en EEUU, la India, Corea, España, etc. y destacadas en decenas de medios dedicados al arte digital del mundo como Bored Panda, Aplus, The Creators Project, o portales de noticias y páginas especializadas como La República, NBC, el Heraldo de Aragón o Get Inspired Magazine.

Actualmente compagina la escritura de su tesis doctoral sobre arte y nuevas tecnologías con la creación de pinturas digitales realizadas con los dedos en un iPad.

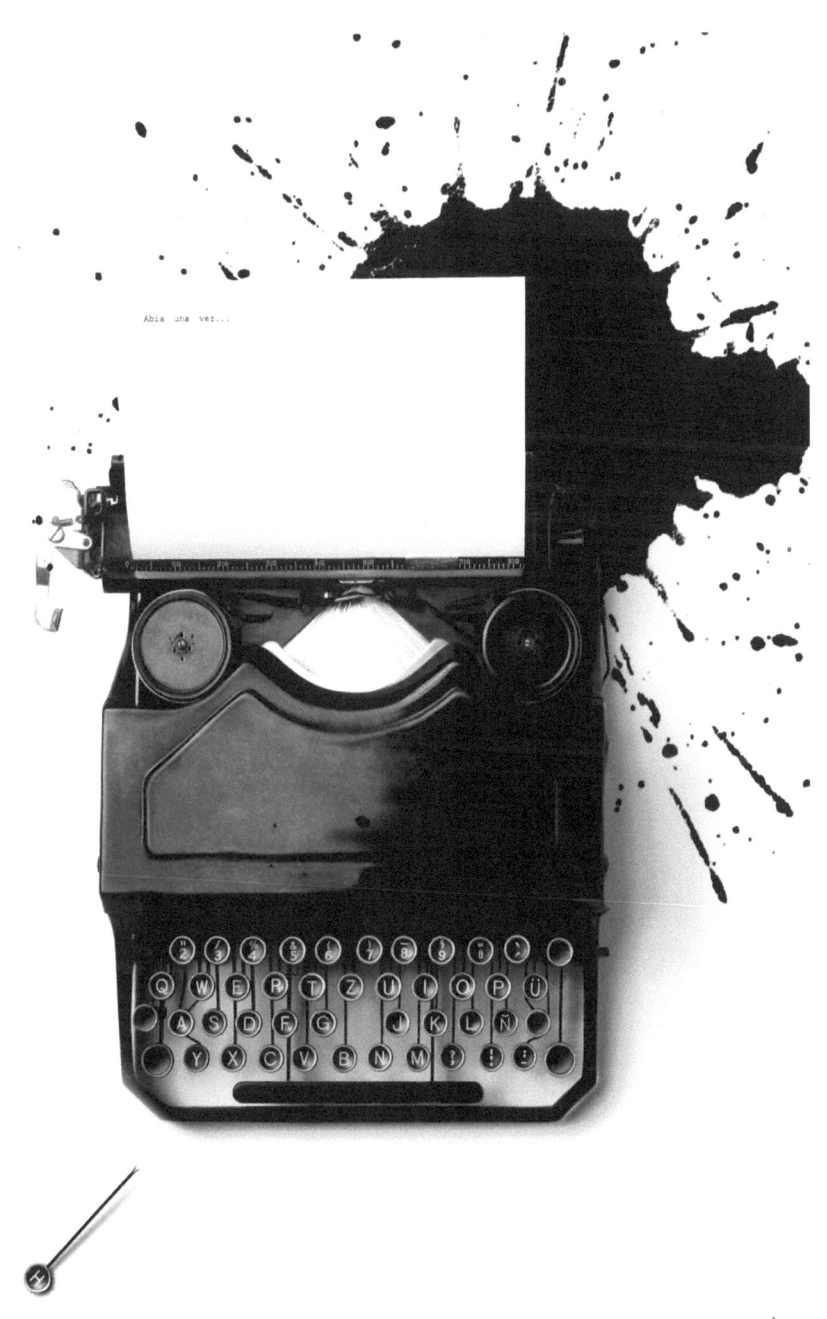

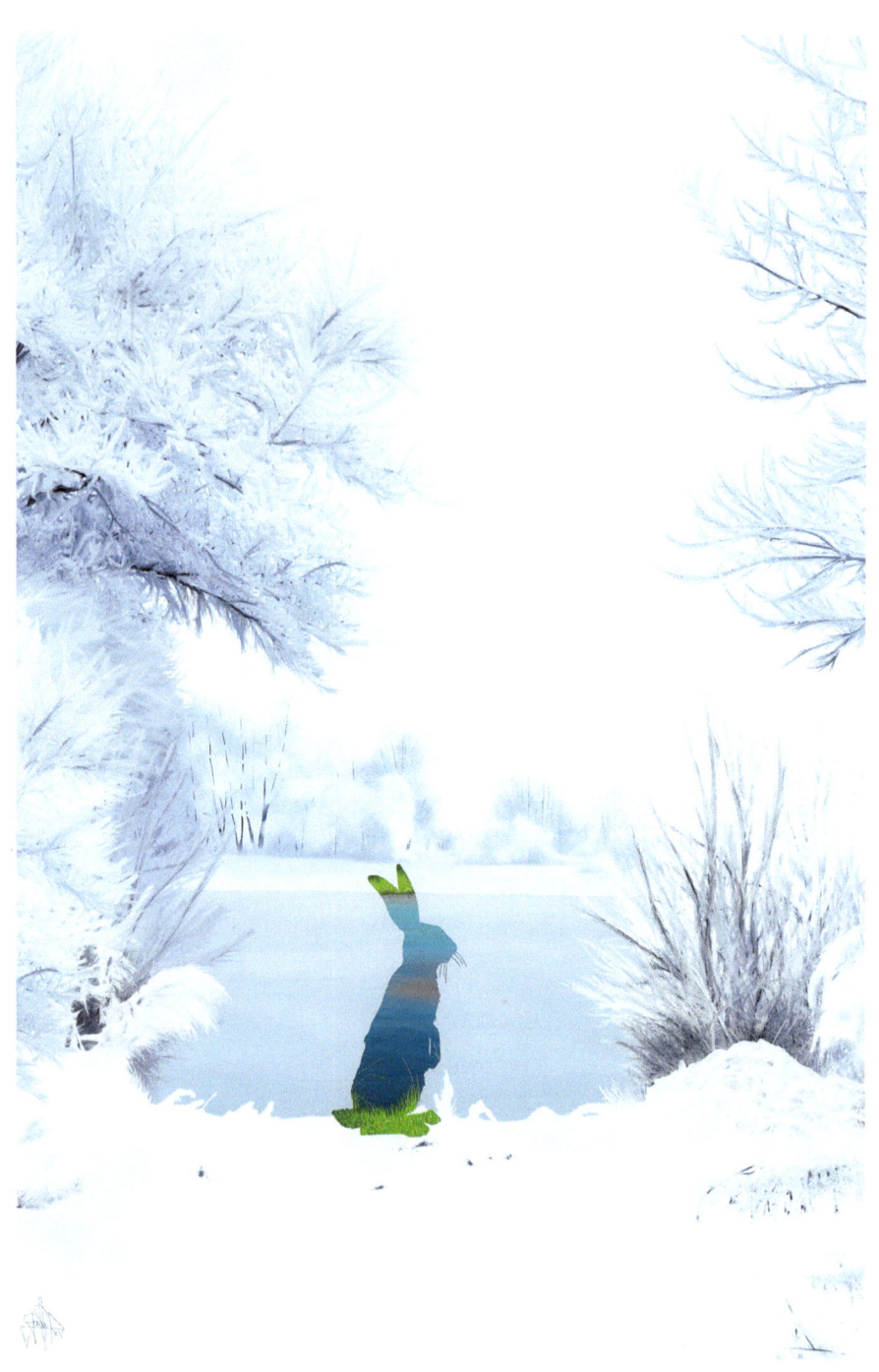

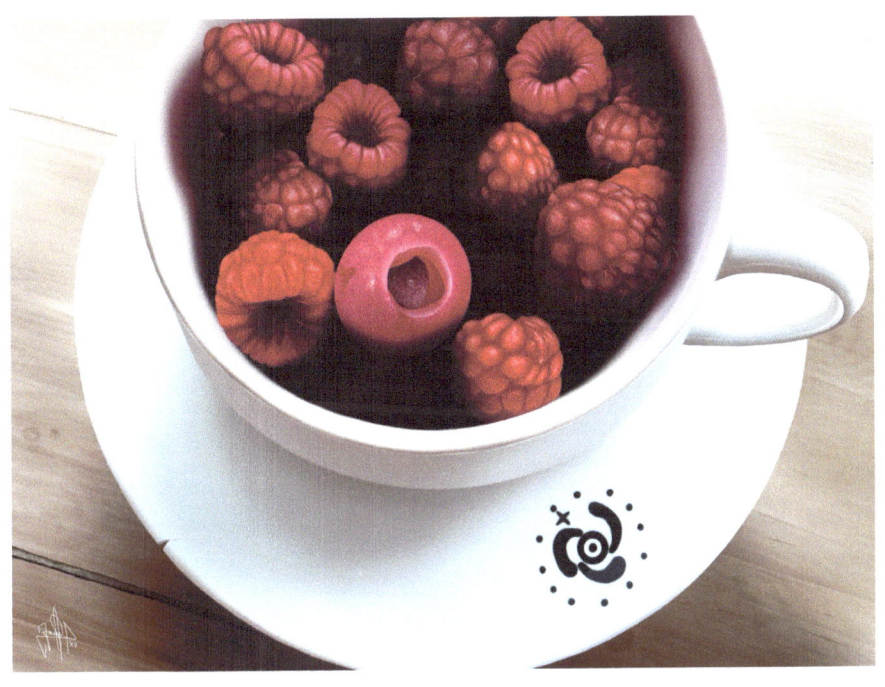

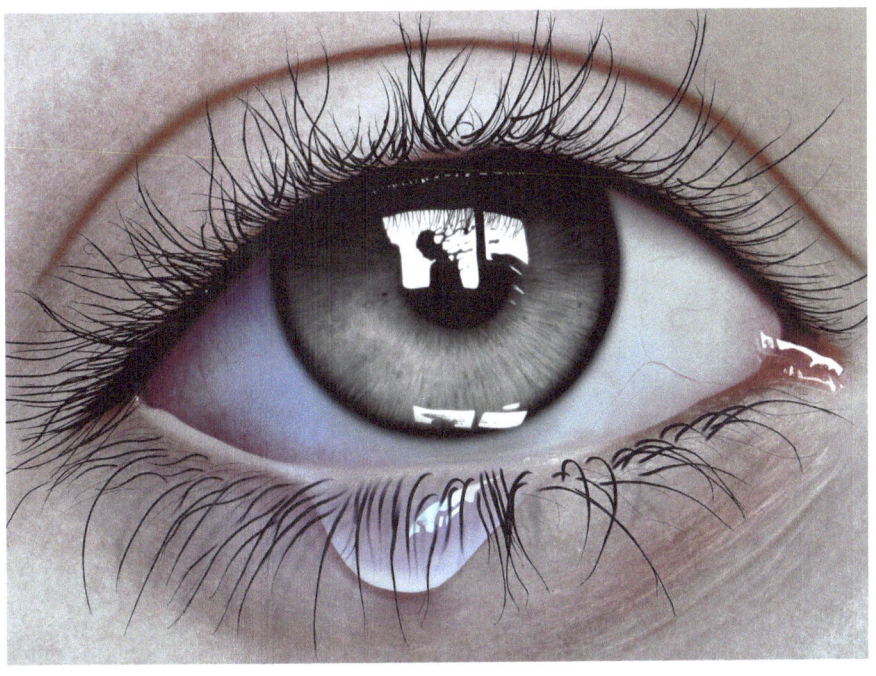

47

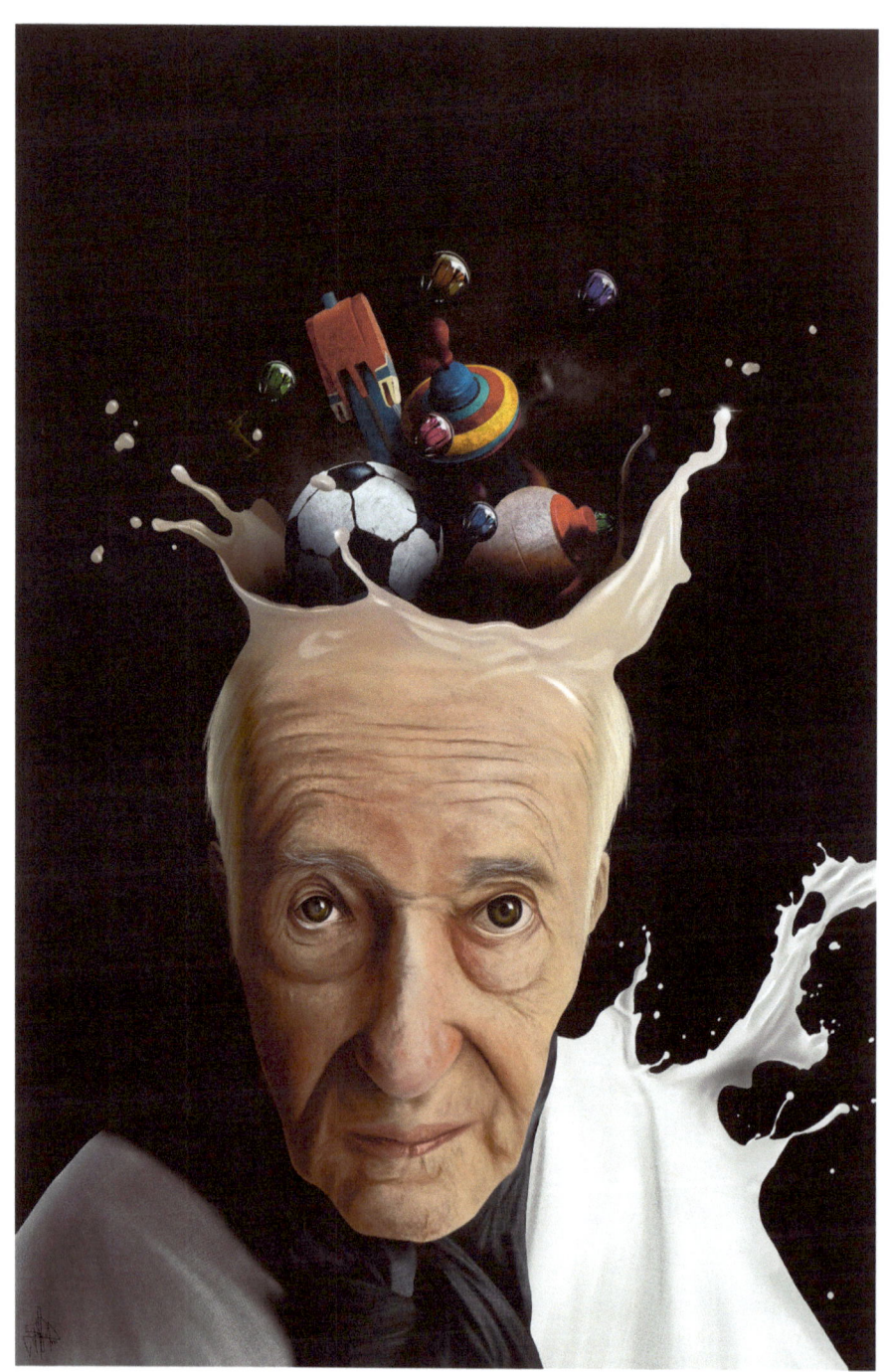

●   ●

Sir Kiwi

1991. Londres, Reino Unido. Víctor Botello, más conocido como Sir Kiwi y original de Granada lleva tantos años investigando sobre el papel fuera de España que ya ni recuerda cuándo se marchó.

Pero lo que sí recuerda con certeza es que desde niño siempre sostuvo un lápiz entre los dedos y que comenzó adentrándose en el mundo del arte mediante el graffiti a los 13 años.

Su estilo, de un marcado carácter oscuro y tradicional e influenciado claramente por el mundo del tatuaje que le apasiona y en el que también está envuelto, podría considerarse como del más puro horror sketch.

Actualmente, compagina su trabajo con su faceta de ilustrador y tatuador, además de realizar colaboraciones esporádicas para distintas publicaciones.

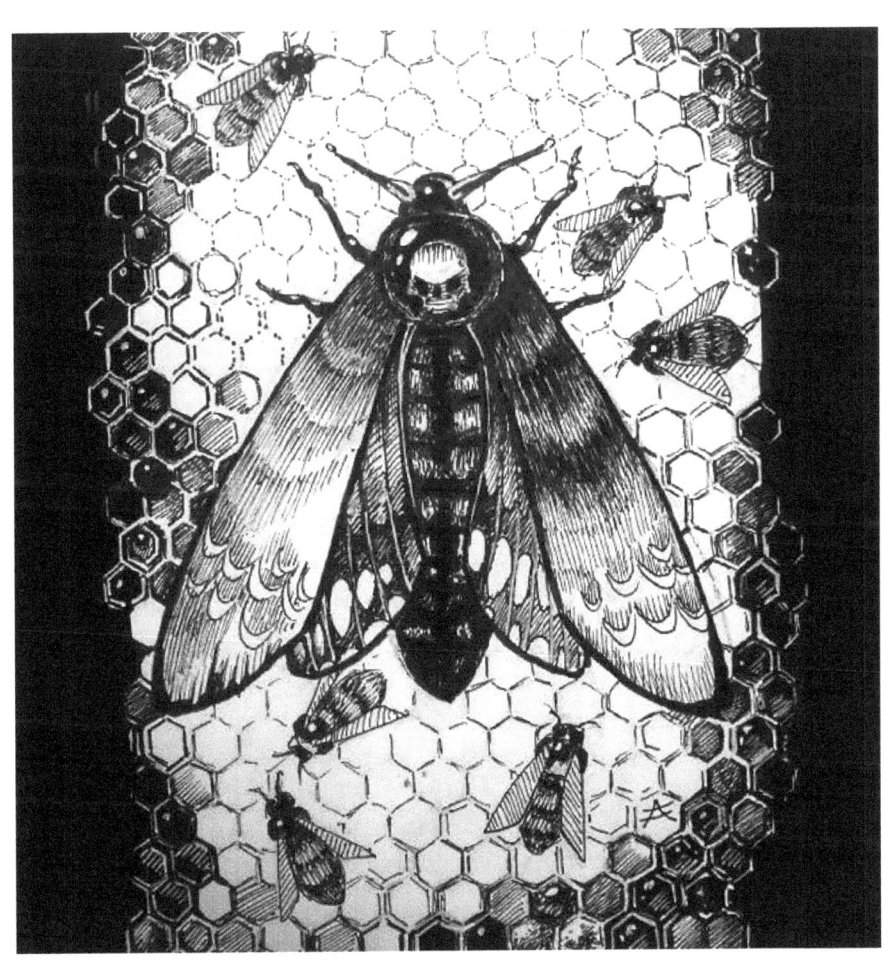

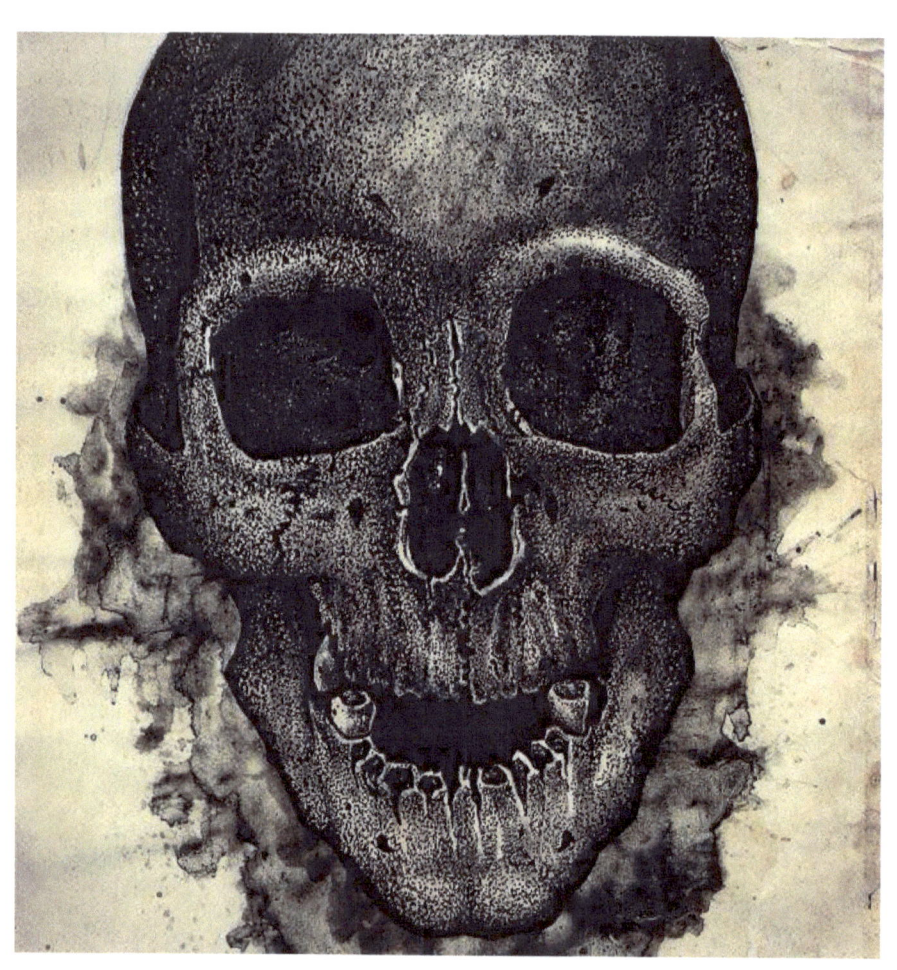

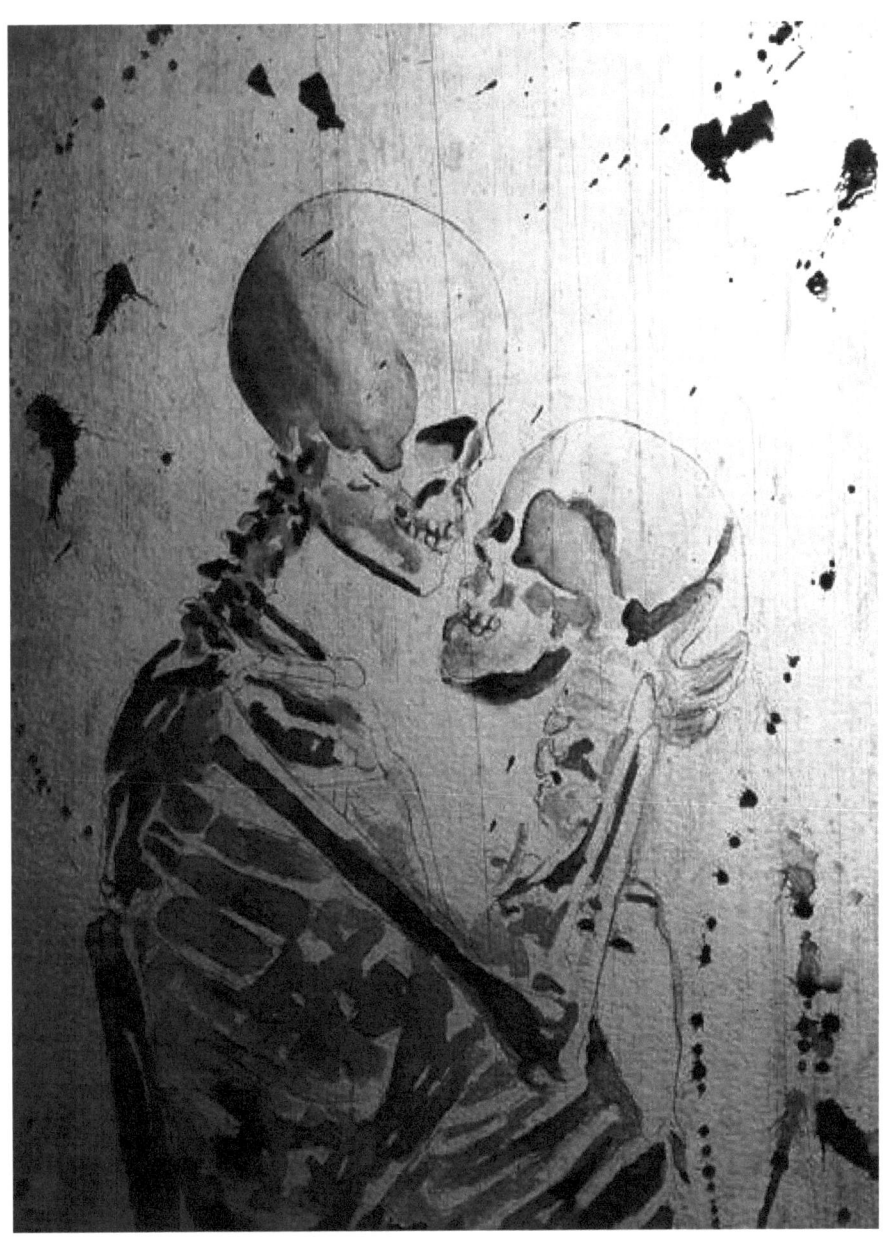

AU TOR ES

Aby Caleidosférica Pág. 7
Twitter: @AbyCalidosferic
Blog/Web: www.cargocollective.com/caleidosferico

Dirty Harry Pág. 13
Twitter: @clintdirtyharry
Blog/Web: www.dirtyharry.es

Muerte Horrible Pág. 20
Twitter: @muertehorrible
Blog/Web: www.muertehorrible.tumblr.com

Hugustrador Pág. 26
Twitter: @Hugustrador
Blog/Web: www.flickr.com/hugustrador

Liran Szeiman Pág. 32
Twitter: @Liransz
Blog/Web: www.liransz.com

Murga Pág. 39
Twitter: @yomurga75

Jaime Sanjuan Ocabo Pág. 44
Twitter: @jaimesanjuanart
Blog/Web: www.jaimesanjuanart.blogspot.com

Sir Kiwi Pág. 50
Twitter: @Sir_Kiwi